SAN JUAN DE LA CRUZ

CRISÓGONO DE JESÚS

SAN JUAN DE LA CRUZ
Su vida y su obra

EDICIONES RIALP
MADRID

© 2026 *by* EDICIONES RIALP, S. A.,
Manuel Uribe 13-15 - 28033 Madrid
(www.rialp.com)

Ilustraciones de: Francisco Zucchi. Estas láminas aparecieron por primera vez en la *Vita Mystici Doctoris Sancti Joannis a Cruce*, publicada en Venecia el año 1748, en la imprenta de Stefano Orlandini.

Preimpresión: www.produccioneditorial.com

ISBN (edición impresa): 978-84-321-7366-0
ISBN (edición digital): 978-84-321-7367-7
ISBN (edición bajo demanda): 978-84-321-7368-4
ISNI: 0000 0001 0725 313X
Depósito legal: M-3911-2026
Impreso en Anzos, S. L., Fuenlabrada (Madrid)

ÍNDICE

1. Humilde hogar de paja y barro 9

2. Estudiante universitario en Salamanca 19

3. Reformador del Carmen 27

4. Los primeros milagros 39

5. Las primeras persecuciones 51

6. En la prisión de Toledo 59

7. Un santo que se fuga de la cárcel 69

8. Por la Mancha hacia Andalucía 77

9. Entre árboles, flores y fuentecillas 83

10. Rector del colegio de Baeza 91

11. Hacia la Alhambra granadina 97

12. Junto a las piedras grajeras de Segovia 107

13. La última prueba 113

14. A cantar maitines al cielo 121

Cronología de san Juan de la Cruz 131

Ilustraciones 135

1.
HUMILDE HOGAR DE PAJA Y BARRO

HORIZONTES AMPLIOS Y LIMPIOS de Castilla; tierras nutritivas y recias del noroeste de Ávila; pardas llanuras morañegas; allí está Fontiveros. Es una mancha amarillenta de casas de barro, que en primavera resalta entre los trigales verdes salpicados de amapolas, y se confunde con el color del barbecho en invierno o con el dorado de las espigas y del rastrojo en verano.

Es el año de 1542. En una vivienda pobre, que es casa y telar a la vez, hay aire y bullicio de fiesta: alegría en los mayores, brincos y algazara en los pequeñuelos, blancura de ropas limpias de acristianar sobre las cómodas y las sillas. Acaba de nacer un niño.

Su padre, Gonzalo de Yepes, es un humilde tejedorcito, que pasa el día en su telar con la lanzadera en la mano y la vista fija en la urdimbre y en la trama. Pero es un tejedor ilustre, descendiente de hidalgos y guerreros, con su árbol genealógico y su escudo de armas: león rampante dorado, corona de oro sobre campo azul, orla verde con cinco escudos y una banda encarnada. Pero todo, escudo y apellido, lo ha velado voluntariamente tras el nombre humilde de una mujer buena, hermosa y desheredada: Catalina Álvarez. Los dos son toledanos, imperiales; los dos felices en aquel hogar de paja y barro por fuera, de amor y virtud por dentro, florecido ahora con el tercer vástago, Juanito, que trae luz y alegría de esperanza a la humilde tejeduría.

No importa la pobreza. Mientras haya trabajo, el telar primitivo dará para vivir honesta y honradamente. Y no se busca más. Son dichosos. Hay pan en casa: hay amor, hay hijos. Es el hogar castellano del siglo XVI, pobre y austero por fuera, caliente y amoroso por dentro, mansión de una felicidad íntima, entrañable y callada.

Han pasado unos años, muy pocos; tres, a lo más cinco, y la pobre casita de Fontiveros amanece triste, fría, silenciosa. No hay ruido de máquinas en el telar; no hay alborozo de chiquillos a la puerta; hasta las labores de la casa están sin hacer, abandonadas. Ha muerto don Gonzalo. En la alcoba yace, alumbrado por cuatro cirios, el cadáver yerto; junto a él se alza la figura esbelta de la madre con sus hijos, y frente a todos, la visión negra de un porvenir incierto, que los ojos llorosos de Catalina Álvarez no pueden descifrar. Se ha terminado todo: la felicidad familiar, la ilusión de la vida, hasta el pan. Los vecinos saben que desde hoy la pobre tejedorcita no podrá dar a sus hijos más que pan de cebada. ¡Pan de cebada entre aquellos trigales inmensos, ondulantes y dorados!

Mientras la madre llora y trabaja, Juanito, inconsciente aún en sus cinco años, juega sin darse cuenta de la

2. FONTIVEROS (ÁVILA)

En este pueblo de la Moraña nació Juan, tercer hijo de Gonzalo de Yepes y de Catalina Álvarez. No es seguro ni el año ni el día de su nacimiento, aunque parece como más probable el año 1542. En cuanto al día, se ha especulado con el 28 de diciembre y el 24 de junio, fiestas de San Juan Evangelista y de San Juan Bautista, respectivamente. No hay nada cierto.

El artista, en esta como en tantas otras ilustraciones, ha fantaseado bastante, reflejando un ambiente muy lejano de la pobreza en que nació el santo.

11

tragedia del hogar. Es una tarde de otoño. Los chopos altos y puntiagudos de la alameda próxima alargan, como brazos desnudos, sus ramas ya sin hojas hacia el cielo. Los labriegos caminan lentos, canturriando, tras la yunta que remueve perezosamente la tierra, jugosa ya con las primeras lluvias de la otoñada, o siembran al voleo el trigo de la próxima cosecha. Y allá, a lo lejos, se oye el tintineo del rebaño que recorta el primer rebrote de la hierba en lindes y rastrojeras. Hay cerca del pueblo una charca grande de agua negruzca y fondo cenagoso, bordeada por juncos, mimbreras y espadañas. Allí juegan y alborotan los rapaces fontivereños; allí está también, alternando, alegre, el hijo de la pobre tejedorcita. Juegan a arrojar perpendicularmente mimbres al agua, para cogerlos cuando salen a la superficie. Al inclinarse Juanito para coger el suyo, cae a la charca. Susto, gritos, carreras, alboroto de los pequeños, que le ven hundirse y desaparecer bajo las aguas negras. Un labrador que ara muy cerca y oye el griterío, deja la yunta y corre hacia la charca con la aguijada en la mano. Pero Juanito, que como una de las varitas del juego ha subido a la superficie, sonríe sobre las aguas. Le sostiene la Virgen, que flota también sobre la charca oscura, y le tiende la mano para sacarle a la orilla. Pero el niño rehúye tocarle con la suya, sucia del liégamo del pantano, y se agarra a la aguijada que le tiende el labriego.

Cuando, ya a la orilla de la charca, se ve rodeado de los pequeños que le miran con ojazos de susto y de curiosidad, Juanito les cuenta emocionado cómo vio a la Virgen; les dice lo guapa que era, la dulzura de sus ojos, el resplandor de su cara sonriente y, sobre todo, lo lindo de aquellas manos blanquísimas que él no quería embarrar...

3. Fontiveros. En este pueblo de Ávila nació y vivió Juan de Yepes los primeros 6 años de su vida. De su infancia nos queda esta anécdota. Siendo niño cae en una charca, mientras está jugando con unos compañeros y se salva por intercesión de la Virgen y San José.

Entreteníase un día aquí el niño Juan, dando al tiempo lo que pedía su edad, con otros sus semejantes tirando varillas a lo profundo de una laguna y volviéndolas a coger cuando salían. Este era el entretenimiento. Tiró Juan la suya y, al cogerla después, torció el cuerpo tras ella más de lo necesario y cayó dentro. Hundióse luego, mas luego volvió a salir, y, sostenido sobre el agua, se le apareció la Virgen sacratísima, la cual, pidiéndole la mano, él, maravillado de tanta belleza, rehusaba dársela, por no ensuciársela con el cieno que tenía en las suyas. Entretúvole y regalóse con él esta soberana Virgen un rato, hasta que llegó un labrador a las voces de los demás muchachos que allí se hallaron, el cual, alargando una vara que traía en la mano y asido el niño de ella, le sacó afuera.

P. Alonso de la Madre de Dios
(*Vida… de Fray Juan de la Cruz*)

13

La familia Yepes no puede vivir en Fontiveros. No bastan, para sostenerla, las míseras ganancias del telar en manos de la pobre viuda. Catalina Álvarez se da por vencida, y una mañana fría los vecinos de Fontiveros ven cómo la viuda del honrado tejedorcito abandona para siempre su hogar, y emprende triste, acompañada de sus dos hijos, una peregrinación de hambre y de desamparo que nadie sabe dónde terminará.

Van camino de Arévalo, un camino estrecho, que serpentea entre rastrojos, yermos y besanas. Cuando llegan a un altozano, Catalina Álvarez vuelve la cabeza para ver por última vez Fontiveros, y se queda mirando, con los ojos fijos y una expresión de infinita melancolía. Ha descubierto el tejado de su telar y la torre de la Iglesia; el telar, su nido de barro y paja abandonado; la iglesia, bajo cuyas losas quedan los amados despojos del marido muerto. Se le estremece el corazón, se le saltan las lágrimas, le tiemblan las piernas. Todo queda allí: recuerdos, amores, ilusiones rotas... Y delante no ve más que el sendero amarillento y zigzagueante, que se esfuma con la tierra parda en un horizonte infinito.

Por las calles de Medina del Campo bullen y hormiguean gentes de todas las regiones y de todos los países: mercaderes de Flandes, pañeros de Segovia, negociadores de Francia y de Inglaterra, carreteros manchegos... Las lonjas están repletas de toda clase de mercaderías, y en la plaza mayor se hacen transacciones por valor de miles de millones de maravedises. Hay telas de Holanda, sedas de Murcia y de Valencia, tafiletes labrados de Córdoba, herrajes repujados de Vizcaya, loza finísima de Talavera y oro recién llegado del Nuevo Mundo. Un rumor ancho

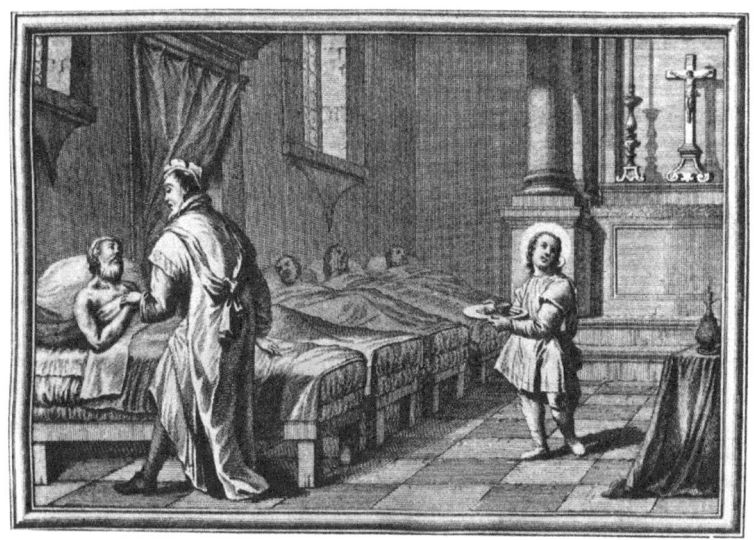

4. MEDINA DEL CAMPO. Buscando el medio de ganarse la vida, Catalina Álvarez se traslada con sus hijos primero a Arévalo y después a Medina. Aquí, Juan alterna sus estudios con el cuidado a los enfermos en el hospital. En el colegio de la Compañía estudia humanidades, que le capacitarán para sus futuros estudios universitarios. Los clásicos latinos dejarán profunda huella en los escritos del futuro poeta del *Cántico*.

MEDINA DEL CAMPO

Sirvió en esta dicha villa en un hospital, siendo administrador un caballero que se decía Alonso Álvarez de Toledo... Y en este hospital el dicho venerable Padre sirvió algunos años con mucha puntualidad y caridad. Por lo cual y su mucha virtud, aficionado de él el dicho Alonso Álvarez, le persuadió que estudiase gramática, como la estudió en el colegio de la Compañía de Jesús de esta dicha villa. También sabe que el dicho Alonso Álvarez quisiera que el dicho Siervo de Dios se ordenara de Misa y se quedara por capellán de dicho hospital; lo cual hacía movido de las grandes muestras de virtud del dicho Siervo de Dios fray Juan de la Cruz.

Declaración de Elvira de San Angelo

15

y denso, como zumbido de colmena, se eleva de la plaza y va a apagarse contra los altos y recios muros del Castillo de la Mota, que vigila orgulloso aquel movimiento comercial de la villa.

En un rinconcito de la plaza, entre el ajetreo de mercaderes y traficantes, ofrece sus tejidos de burato una joven y bella mujer enlutada. Es Catalina Álvarez. Ha venido a Medina en busca del pan que no encontró en Arévalo, primer lugar de su peregrinación. Y ha venido con su pobre taller, esperando que aquí, entre tanto tráfico, tendrá salida lo que entre ella y su hijo mayor, Francisco, puedan urdir en la primitiva tejeduría.

Mientras tanto, Juanito aprende las primeras letras en el Colegio de la Doctrina, intenta inútilmente el aprendizaje de carpintero, entallador y pintor, y ayuda a misa en la iglesia de las Agustinas. Todas las mañanas, apenas amanecido, las calles silenciosas y escarchadas, que conducen al convento de la Magdalena, sienten las pisadas ligeras y menuditas del monaguillo; que va a la iglesia. Dentro, en la penumbra del templo, un caballero, don Alonso Álvarez, administrador del hospital, observa la puntualidad, la compostura y la viveza del acólito monjil. Descubre en él algo misterioso. Aquellos ojos negros tan vivos, aquel aire de ángel, aquella agudeza de sus respuestas cuando algo le pregunta... Es lástima que tales cualidades prometedoras se pierdan enredadas entre la urdimbre de un telar. Si su madre no puede, él le costeará los estudios clericales. Y se lo lleva. Hará de recadero en el hospital y al mismo tiempo estudiará gramática en el colegio, recién fundado, de la Compañía.

Y Juanito de Yepes, encantado, se entrega con ilusión al servicio de los enfermos y al estudio de la gramática.

Una noche hay inquietud en el hospital. Nadie sabe dónde está Juanito, el recadero. Le buscan en el patio, en las oficinas, en las salas de los enfermos. No aparece. Y sin embargo es seguro que no ha salido. Un débil resplandor que se advierte entre la leña del corral hace acercarse a los que le buscan. Y allí está. Echadito en la tinada de manojos, estudia su lección a la luz mortecina de una candileja.

Cuando al día siguiente vaya al colegio y el P. Bonifacio, su profesor, le pregunte la gramática, los niños envidiarán el lucimiento con que, de pie ante su pupitre, dice la lección el hijo de la humilde tejedorcita.

2.
ESTUDIANTE UNIVERSITARIO
EN SALAMANCA

COLEGIO CARMELITANO de San Andrés. Es un edificio amplio y firme, emplazado en el extremo sur de la ciudad. Las aguas del Tormes, ya cansadas de tanto correr desde las altas y nevadas crestas de Gredos, pasan silenciosas, como con respeto, junto a los muros del convento, para entrar enseguida atropelladas por los veintiséis ojos del puente romano. Enfrente, a la orilla opuesta, hay álamos y alisos, que sienten celos de las torrecillas de la catedral, porque se reflejan más coquetonas que ellos en el remanso del río. Una mansa placidez de luz y de ambiente da al paisaje dulce sabor de égloga.

En contraste, arriba, en la plaza encuadrada por la catedral, la Universidad y el severo colegio de Anaya, hay barullo creciente. Bulle ya de estudiantes y aún aumentan sin cesar. Por las distintas calles que en ella desembocan, van llegando los teólogos, escriturarios y artistas que cada convento envía a la Universidad: alumnos de los conventos de San Bartolomé, de San Esteban, de la Merced, de San Francisco... Hay capas de todos los colores; hábitos blanquinegros de dominicos, capas pardas de franciscanos, negras sotanas de clérigos, balandranes descoloridos y repasados de becarios. Resalta entre todos la capa blanca de un grupo de estudiantes carmelitas. Son del colegio de San Andrés, el de los muros que arrulla mansamente el Tormes.

Entre ellos está Juan de Yepes. Oyó un día, siendo recadero del hospital de Medina, una voz misteriosa que le llamaba al Carmen, y en el Carmen de Medina profesó hace unos días, este mismo verano de 1564. Ha dado muestras de gran talento, que centellea en los ojos vivos y profundos, y los prelados quieren proporcionarle una excelente formación cultural. Por eso ha venido a cursar estudios a Salamanca.

Todos los días sube con un grupo de diez o doce colegiales de San Andrés las calles estrechas y empinadas que van desde la ribera derecha del río hasta la plaza de la Universidad. Llevan libros y apuntes bajo el brazo y comentan las últimas explicaciones de clase o el resultado de las disputas públicas de la semana anterior. Mientras esperan la hora de clase en la plazuela o en el claustro cuadrado que da vuelta al jardincillo interior de la Universidad, van llegando los catedráticos: el de Prima, fray Mancio de Corpus Christi, que viene desde San Esteban envuelto en su negra capa dominicana; el agustino Juan de Guevara, catedrático de vísperas; el clérigo abulense Cristóbal Vela, que explica la cursatoria de Escoto; Lencina, Gregorio Gallo, Domingo Soto... Y, al fin, aparece, con aire nervioso, la elegante figura de fray Luis de León,

5. MEDINA DEL CAMPO. A sus 21 años, Juan de Yepes ingresa en los Carmelitas del convento de Santa Ana de Medina y toma el nombre de Juan de Santo Matía. Desconocemos las razones que le indujeron a elegir precisamente esta Orden, aunque los biógrafos antiguos hablan de intervenciones sobrenaturales.

MEDINA DEL CAMPO

Después de sus primeras letras en el Colegio de los Doctrinos, de sus estudios de humanidades en el Colegio de la Compañía, cuando Juan de Yepes es ya un joven de veinte años pide el hábito del Carmen en el convento de Santa Ana, de reciente fundación. ¿Por qué carmelita? En Medina tenían fundación todas las órdenes religiosas importantes. A tenor de lo declarado por varios testigos en los Procesos de Beatificación, se le había ofrecido el puesto de capellán del hospital donde había servido... Carecemos de datos para dar una respuesta satisfactoria. Varios compañeros suyos de estudio ingresaron en otras órdenes; el Colegio de la Compañía era un vivero de vocaciones religiosas. Tal vez su futuro intento de ingresar en la Cartuja puede ser una pista de las inquietudes religiosas de Juan por aquellos años.

que provoca un movimiento de simpatía en los estudiantes. Algunos, cuando el poeta pasa a su lado, recitan por lo bajo sus versos. Él sonríe y entra en su cátedra, seguido en tropel de sus alumnos.

Cuando suena la campana del reloj torrero de la Universidad, señalando la hora de las clases, los claustros quedan desiertos y silenciosos. Solo se oye, medio apagada, la voz de los catedráticos, que resuena fuera, o las pisadas del bedel que vigila y transmite órdenes del Rector.

Terminadas las clases, fray Juan vuelve al colegio de San Andrés. Sale de la Universidad por la puerta oriental, ancha y severa, en contraste con la de poniente, maravillosamente afiligranada; toma una calle estrecha a la izquierda de la catedral y baja, con sus compañeros, hasta la ribera del Tormes.

Allí, en el convento, lleva vida de austeridad, de oración y estudio. Todo es pobre y severo: celda pequeña, con un diminuto ventanillo al altar mayor de la iglesia; humilde anaquel de tablas sin labrar con libros de ciencias teológicas y espirituales: la *Mística teología* del Areopagita, los Comentarios de Juan Bacón a los libros de las Sentencias, las obras de santo Tomás y de Miguel de Bolonia, el *Flos Sanctorum*, la Biblia... Para dormir tiene una artesa llena de paja, y detrás de la puerta cuelga un jubón de esparto, unos cilicios y unas disciplinas ensangrentadas. Pero la celda tiene también una ventana al río, y por ella entran raudales de luz y suaves rumores de aguas, que la hacen alegre. En esa celda se hermanan, como en el alma de fray Juan, la ciencia, la austeridad, la oración y la poesía.

Son las vacaciones estivales de 1567. Las calles de Salamanca han perdido la vida de la bulla estudiantil. Los

6. SALAMANCA. Terminado el noviciado y hecha la profesión religiosa en Medina, los superiores envían a fray Juan a Salamanca, para cursar estudios superiores en la Universidad. Destaca entre sus compañeros de estudio por su aplicación y su vida religiosa ejemplar.

SALAMANCA

Le certificó a este testigo el maestro fray Alonso de Villalba, condiscípulo del varón del Señor, de cuya vida santa en aquel tiempo él mismo certificó a este testigo, que aunque con su aventajado ingenio cuidaba de sus estudios, en ninguna manera aflojaba en la observancia de su profesión, ni en las cosas que él tenía de supererogación, cuales eran largas horas de oración mental, grandes penitencias, retirarse a tratar solo con Dios... no perdiendo su advertencia amorosa a Dios en su celda; y a una ventanilla que salía al Santísimo Sacramento gastaba el tiempo, sin tener otros divertimientos.

P. Alonso de la M. de D.

claustros universitarios están desiertos; las aulas, cerradas y mudas, parece que descansan, fatigadas de tanto ruido pasado. Hace sol. El polvo de las calles se retuesta, y las piedras doradas de los edificios adquieren reflejos de metal. En el patio del colegio de Anaya las anchas losas del suelo arrojan contra las altas y pensativas columnas el fuego que el sol deja caer sobre el pavimento. La arena del Tormes sorbe, sedienta, la casi totalidad de sus aguas, mientras a sus orillas, en la granja de la Flecha, unos kilómetros al este de la ciudad aguas arriba del río, descansa fray Luis de sus lecciones de cátedra, prepara los *Nombres de Cristo* y canta su oda a *La vida del campo*.

También fray Juan ha abandonado Salamanca. Está en Medina del Campo. Antes de salir de allí recibió la ordenación sacerdotal; la recibió de manos de don Pedro Álvarez de Mendoza, y en la catedral vieja, bajo la linda cúpula aconchada de la torre del gallo, en aquella maravilla románica de transición al gótico. Y ha venido a cantar la primera misa en presencia de su madre, que sigue en Medina con el pobre telar de buratos.

Es en la iglesia de Santa Ana. Cuatro años antes, allí mismo, ante el altar mayor lleno de luces y flores, recibió Juan de Yepes el hábito del Carmen. Como aquel día, hay también hoy luces y flores en el altar. Y habrá olor de incienso. Pero esta vez lo echa sobre las ascuillas del turíbulo de plata la mano temblorosa de fray Juan.

Cuando, terminada la misa, baja el santo las gradas del altar, todos advierten en su cara una expresión de inocencia original. Mira como un ángel; sus ojos tienen el resplandor candoroso de los niños. No le falta más que echar fuego por la frente, como Moisés cuando bajó del Sinaí.

7. MEDINA DEL CAMPO. Tres años ha pasado fray Juan en Salamanca. En el verano de 1567, a sus 25 años, es ordenado sacerdote y vuelve a Medina, donde viven su madre y su hermano Francisco, para cantar su primera misa en el convento donde comenzó su vida religiosa.

MEDINA DEL CAMPO

Le pregunté qué era lo que había suplicado a nuestro Señor en la primera misa que había dicho. A lo cual me respondió el Santo: «Supliqué a su Majestad me concediese que nunca me dejase de su mano con que cometiese pecado alguno con que ofendiese a Su Majestad y cayese de su gracia, y que, si fuese servido de ello, me diese en esta vida la penitencia de los pecados en que yo, como hombre flaco, había de caer si Su Majestad por su misericordia no me tuviera de su mano. Y esto desde muchacho lo he suplicado a Dios, mas en la primera misa fue ordenada esta petición del cielo en mi alma.» Volvíle a preguntar si creía habérselo el Señor concedido, y respondióme: «Créolo como creo que soy cristiano y tengo por cierto que me lo ha de cumplir».

Declaración de Ana María de Jesús

25

3.
REFORMADOR DEL CARMEN

1568. CALORES AGOBIANTES de julio en Medina del Campo. En el ambiente fresco de una salita conventual, unas monjas cortan sobre la mesa y recosen después un hábito de jerga burda. Preside y trabaja entre ellas la madre Teresa de Jesús. Hay prisa y emoción en la labor monjil. Las manos, blancas y pequeñas, se mueven con rapidez; los ojos brillan ilusionados, y hay cuchicheo suave y alegre mientras las tocas se inclinan amorosas sobre la labor.

Mientras tanto, un fraile joven espera silencioso en el locutorio exterior. Es fray Juan. Acaba de llegar de Salamanca, en donde ha cursado el último año matriculado en el registro universitario como «presbítero y teólogo», y va a recibir el hábito de descalzo, que con tanta ilusión preparan dentro las manos de Teresa y de sus monjas. Hace un año justo, cuando el estudiante carmelita vino, también de Salamanca, a cantar su primera misa, tuvo lugar el primer encuentro entre él y la madre Fundadora. Entonces planearon el acto que hoy se va a realizar. La santa, que buscaba hacía tiempo el hombre cabal que iniciase entre los frailes la Reforma iniciada por ella entre las monjas, saltó de gozo al encontrarse con aquel joven en cuyos ojos fulguraban, a la vez, el talento y la virtud que ella requería para su gran obra. Desde entonces, a todo lo largo de este año transcurrido, ella por los caminos de sus fundaciones y él en sus aulas universitarias, han soñado muchas veces con la dulce ceremonia de hoy.

No hay tañer de campanas ni bullicio de gente curiosa. Ni siquiera se ha tocado la primitiva esquilita que en el claustro monjil anuncia los actos de régimen interno. No asisten más que ellos: las monjas, reja adentro; fray Juan, reja afuera. Cuando la madre Teresa ve delante de sí la figura del primer carmelita reformado —hábito burdo, capa corta, rostro humilde y macilento, pies descalzos— siente la alegría de un espiritual alumbramiento, que ha sido precedido de ansiedades, peligros y preocupaciones. Y fray Juan, de pie en medio del locutorio, frente a la reja tras la cual le contemplan embebidas la madre Reformadora y sus monjas, se estremece de gusto al ver realizada aquella ilusión de vida pobre y retirada —vida de cartujo— con que soñó en los últimos días de sus estudios en la Universidad de Salamanca.

Han pasado dos meses. Con ellos se han ido los recios calores caniculares que abrasaban los campos de Castilla. Aún no ha matado la lluvia el polvo de los caminos, ni ha comenzado a retoñar la hierba en las lindes, que amarillean resecas por el sol de agosto. Pero las tardes son ya plácidas, frescas.

8. Medina del Campo. Santa Teresa y san Juan de la Cruz se encuentran por primera vez en su vida en esta villa, en el verano de 1567. La santa realiza aquí su segunda fundación y anda buscando personas aptas que realicen la misma obra entre los frailes. El santo, por esta época, piensa hacerse cartujo. La madre Teresa le convence para que se una a su obra.

Poco después acertó a venir allí un Padre de poca edad, que estaba estudiando en Salamanca, y él fue con otro compañero, el cual me dijo grandes cosas de la vida que este Padre hacía. Llámase fray Juan de la Cruz. Yo alabé a nuestro Señor, y hablándole, contentóme mucho, y supe de él cómo se quería también ir a los cartujos. Yo le dije lo que pretendía, y le rogué mucho esperase hasta que el Señor nos diese monasterio, y el gran bien que sería, si había de mejorarse, ser en su misma Orden, y cuánto más serviría al Señor. Él me dio la palabra de hacerlo, con que no se tardase mucho. Cuando yo vi ya que tenía dos frailes para comenzar, parecióme estaba hecho el negocio, aunque todavía no estaba tan satisfecha del prior, y así aguardaba algún tiempo, y también por tener adónde comenzar.

Santa Teresa (*Fundaciones*, 3,17)

29

A la orilla izquierda del Pisuerga, un kilómetro al sur de Valladolid, hay una bella finca amplia y productiva. Se llama Río de Olmos. Tiene arboledas de chopos junto al río y viejos frutales de ramas nudosas; tiene también una viña verdeante con racimos en agraz. Y en el centro, una casita blanca, cuyas ventanas parecen ojos que vigilan toda la finca en derredor. Por la orilla del río, siguiendo la hilera de árboles que le bordean, camina un fraile en dirección a la ciudad. De trecho en trecho, en los claros que dejan al sol las copas de los chopos, se ve rebrillar la blancura de su capa carmelitana, que resalta sobre el fondo verde-oscuro de los zarzales del seto. Desde un ventanillo de la casa blanca, unos ojos que se ocultan tras la celosía siguen con ilusión al frailecico hasta que se pierde de vista. Es la madre Teresa, que acaba de despedir a fray Juan. Va a tierras de Ávila a comenzar la Reforma entre los frailes, y Dios sabe con cuánto gusto le acompañaría ella. Al despedirse, le ha dado una carta de recomendación, que fray Juan ha metido en su Breviario. La Madre ha sonreído; le bailaban los ojos, brillantes bajo las cejas como dos luceros entre nubes, y los tres lunares de su cara parecían sonreír también, mientras hacía al frailecico las últimas recomendaciones para la gran obra.

Cuando fray Juan, ya lejos, atraviesa el ancho campo de Castilla, ahora inmensa rastrojera, y sube entre peñascos las alturas de Ávila, todavía sonarán en sus oídos las últimas palabras de la Madre y conservará en la retina de sus ojos, como una ilusión, la figura amable y simpática de la insigne Fundadora.

Es Duruelo una alquería situada al extremo oeste de la provincia de Ávila; casa pequeña; graneros, que son

9. Río Olmos. Valladolid. Año 1568. Ha pasado un año desde
que Teresa y Juan se vieron en Medina. Fray Juan volvió a Salamanca
para terminar sus estudios en la Universidad. En Medina vuelven
a encontrarse ahora y los dos salen para Valladolid, donde la Santa
inaugura una nueva fundación en la finca Río Olmos, junto a Valladolid, e instruye al Santo sobre su proyecto de vicia religiosa, «sobre
su estilo de vida».

*Yo me fui con fray Juan de la Cruz a la fundación que queda escrita
en Valladolid. Y como estuvimos algunos días con oficiales para recoger la casa, sin clausura, había lugar para informar al Padre fray
Juan de la Cruz de toda nuestra manera de proceder; para que llevase
bien entendidas todas las cosas, así de mortificación como del estilo de
hermandad y recreación que tenemos juntas. Que todo es con tanta
moderación, que sólo sirve de entender allí las faltas de las hermanas, y
tomar un poco de alivio para llevar el rigor de la Regla. Él era tan bueno, que al menos yo podía mucho más depender de él que él de mí; más
esto no era lo que yo hacía, sino el estilo del proceder las hermanas...*

Santa Teresa (*Fundaciones,* 13,5)

desvanes mal resguardados, y unos corrales para ganados y aperos de labranza. Eso es todo. Junto a la pobre alquería se ve el cauce seco de un arroyo, que en la invernada lleva el agua de lluvias y deshielos. No es el típico paisaje castellano, de horizontes sin límites, sin árboles ni praderías. Tiene ondulaciones y quebradas, que recortan la visión de la lejanía; tiene encinares como de campo charro y algunos pequeños pastizales. Pero todo es pobre: la casa, el terreno, el encinar; hasta el arroyo. Sobre todo ahora en que el campo está abrasado por los calores del pasado estiaje: hierba seca, rastrojos amarillentos, cuestecillas peladas, que enseñan a trechos la osamenta de sus peñascos. Y luego, soledad, una soledad absoluta, sin ruido de hombres, ni de pájaros, ni de aguas. Hasta el aire parece que pasa por allí callado, silencioso, filtrándose suavemente por entre las encinas del montecillo cercano.

Tal es el panorama con que se encuentra fray Juan aquella tarde de septiembre que vino de Ávila. Al verse allí, siente un estremecimiento de alegría. Pobreza y soledad: ¿no era eso lo que él había soñado como fundamento de su obra? Así tenía que ser el marco en que naciese a la vida la Reforma del Carmelo.

Y el santo Reformador comienza a transformar la pobre casita en convento. Le ayuda un mozo albañil que vino con él desde Ávila. Es obra fácil: tirar un tabique, reformar otro, abrir dos ventanillos hacia el portal... Y la obra queda hecha. El portalico se ha convertido en iglesia; el desván, en coro, y las dos camarillas del piso superior, en celdas. ¿Mueblaje? Cruces y calaveras en la iglesuca; heno por cama en las celdillas y, para el barrido, unas escobas de retama arrancada del montecillo próximo. No hay más. Ni lo necesitan.

10. Duruelo (Ávila). Esto no es un pueblo, es una alquería en medio de encinares. Un día, buscándola, se perdió la madre Teresa, nadie daba razón de ella. A esta soledad llega fray Juan el 30 de septiembre de 1568 y acomoda la casa de labranza para que sirva de capilla y convento. Todo es pobre y sencillo, tanto que las obras se terminan en dos meses.

Duruelo (Ávila)

Como entramos en la casa, estaba de tal suerte, que no nos atrevimos a quedar allí aquella noche por causa de la demasiada poco limpieza que tenía, y mucha gente del Agosto. Tenía un portal razonable, y una cámara doblada en su desván, y una cocinilla: este edificio todo tenía nuestro monasterio. Yo consideré que en el portal se podía hacer iglesia, y en el desván coro, que venía bien, y dormir en la cámara... Tardóse poco en aderezar la casa, porque no había dinero, aunque quisieran hacer mucho. Acabado, el padre fray Antonio renunció su priorazgo con harta voluntad, y prometió la primera Regla; que aunque le decían lo probase primero, no quiso. Ibase a su casita con el mayor contento del mundo. Ya fray Juan estaba allá.

Santa Teresa (*Fundaciones*, 13,3 y 14,2).

Cuando llegan a Duruelo el padre Antonio de Heredia y fray José de Cristo, los dos compañeros que han de comenzar con fray Juan la carmelitana reformación, ya está todo listo. Y el 28 de noviembre se hace la inauguración oficial. Es una vida dura: maitines a medianoche, en estas noches crudas de invierno de Castilla, con aguas, hielos y nieves que se les entran hasta el coro por el tejadillo roto, blanqueándoles los hábitos pardos; oración mental, silenciosa y larga, que no terminan de contar los cinco relojes de arena que ha traído el padre Antonio; examen de conciencia a mediodía y por la noche; escasez de sueño y de comida en vigilia y ayunos continuados; disciplinas; silencio; trabajo...

Algunos días, muy de mañana, antes de salir el sol, los labriegos que trabajan en las besanas del contorno ven pasar a fray Juan de la Cruz en dirección a algún pueblecito próximo o camino de una alquería inmediata. Va descalzo, pisando aguas y barros por aquellas sendas encharcadas. No lleva más que un bordón, el breviario y un crucifijo. Su capa blanca resalta en el fondo del campo, pardo como su túnica. Va a evangelizar a aquellas gentes humildes y abandonadas de las cercanías de Duruelo.

Y le escuchan entusiasmados. A veces se para a hablar en la calle estrecha y embarrada de un villorrio; otras, en una alquería; con frecuencia, en medio del campo, bajo el cielo limpio e inmenso de Castilla. La voz del frailecico descalzo tiene sonido de profeta para aquellos campesinos, que permanecen inmóviles, con las manos callosas sobre el arado o el azadón, hasta que el santo deja de hablar y se marcha. Les impresiona la figura de aquel hombre extraordinario: pies desnudos, cabeza rapada, hábito burdo,

11. Duruelo (Ávila). El día 28 de noviembre fray Juan de la Cruz (su nuevo y definitivo nombre), Antonio de Jesús (Heredia) y José de Cristo inauguran oficialmente la vida descalza en Dumuelo, renovando su profesión religiosa y prometiendo observar la Regla primitiva de la Orden, sin mitigaciones, hasta la muerte.

Duruelo (Ávila)

Primero y segundo domingo de adviento de este año de 1568, se dijo la primera misa en aquel portalito de Belén, que no me parece era mejor. La cuaresma adelante, viniendo a la fundación de Toledo, me vine por allí. Llegué una mañana; estaba el padre fray Antonio de Jesús barriendo la puerta de la iglesia, con un rostro de alegría que tiene él siempre. Yo le dije: «¿Qué es esto, mi padre? ¿Qué se ha hecho la honra?» Díjome estas palabras, diciéndome el gran contento que tenía: «Yo maldigo el tiempo que la tuve.» Como entré en la iglesita, quedéme espantada de ver el espíritu que el Señor había puesto allí. Y no era yo sola, que dos mercaderes que habían venido de Medina hasta allí conmigo, que eran mis amigos, no hacían otra cosa sino llorar. ¡Tenía tantas cruces, tantas calaveras!

Nunca se me olvida una cruz pequeña de palo que tenía para el agua bendita, que tenía en ella pegada una imagen de papel con un Cristo, que parecía ponía más devoción que si fuera de cosa muy bien labrada. El coro era el desván.

Santa Teresa (*Fundaciones*, 14,6).

rostro demacrado, voz ungida con acento de apóstol. Cuando fray Juan se aleja, los labriegos le siguen con los ojos hasta que se pierde de vista en un repecho o entra en un cortijo lejano. Y luego, por la noche, junto al llar en que arden en fuego vivo gruesos troncos de encina, los rústicos labriegos castellanos ponderan la dulce insinuación con que el frailecico de la capa blanca les hablaba de cosas del cielo.

Iban a predicar a muchos lugares, que están por allí comarcanos sin ninguna doctrina, que por esto también me holgué se hiciese allí la casa; que me dijeron, que ni había cerca monasterio, ni de dónde la tener, que era gran lástima. En tan poco tiempo era tanto el crédito que tenían, que a mí me hizo grandísimo consuelo, cuando lo supe. Iban, como digo, a predicar legua y media, dos leguas, descalzos, que entonces no traían alpargatas, que después se las mandaron poner, y con harta nieve y frío; y después que habían predicado y confesado, se tornaban bien tarde a comer a su casa. Con el contento, todo se les hacía poco.

Santa Teresa (*Fundaciones*, 14,8)

4.
LOS PRIMEROS MILAGROS

Es la Encarnación un convento monjil, amplio y sencillo, que se levanta en Ávila, al norte de la ciudad, unos quinientos metros fuera de las murallas. Tiene huerta espaciosa, con arbolado, y celdas para más de un centenar de monjas. Desde allí se ve el cinturón de piedra que aprisiona a la ciudad, la Basílica románica de San Vicente, la iglesia gótica de San Francisco y la airosa espadaña de ladrillo de la torre del Carmen, que se asoma por encima de las almenas. Junto a la huerta conventual hay una casita blanca.

Un día de mayo, cuando los árboles del huerto están verdes de hojas y los geranios de las ventanas de las celdas han florecido, santa Teresa, que es priora del convento, dice a las monjas: «Les traigo por confesor un santo». Acaba de llegar fray Juan de la Cruz.

Viene de Alcalá, donde ha organizado el primer colegio de la Reforma, que medra a la sombra de la Universidad, como había organizado meses antes el primer noviciado en Pastrana. Y ahora viene, llamado por la madre Teresa, a organizar espiritualmente el convento de la Encarnación. No es tarea fácil. Hay que cortar el exceso de visitas; revivir el espíritu de oración; despertar el gusto a la penitencia y al místico recogimiento. Pero el joven descalzo se entrega a la obra en cuerpo y alma, y al poco tiempo las monjas están desconocidas. Se ha cortado la fila de gente que iba y venía de la ciudad al convento para pasarse el rato a la reja; hay mayor asistencia al coro, más silencio en los claustros, mayor gusto al retiro y a la oración. «Gran provecho hace este descalzo que confiesa aquí», escribe santa Teresa a una de sus hermanas.

No pensemos, sin embargo, que esto lo logra con solo su presencia, por vía de milagro. Es a fuerza de tino, de amor y de constancia. Un día espera fray Juan en el confesionario, sentado en su silloncito de cuero. Van pasando las monjas por turno. Algunas llegan con la ilusión de quien se acerca a un santo, porque han sentido la dulce eficacia de sus consejos. Pero hay una que añora direcciones pasadas, menos rigurosas, condescendientes con sus gustillos de locutorio y de seglares. Prefiere un confesor calzado, que baja de cuando en cuando a la Encarnación. La monja entra con recelo en el confesionario. No sabe quién está allí. Fray Juan espera silencioso en la oscuridad. «¿Es calzado o descalzo?», pregunta la monjita reja adentro. Y el santo, cubriéndose rápidamente los pies con el hábito, contesta mansamente: «Calzado estoy, hija». Y comienza la confesión.

Ayer vino fray Juan al torno con un plato de golosinas para una enferma. Se las habían regalado a él, pero él se las

Como se fue conociendo por toda la comarca de Duruelo y en las ciudades circunvecinas la vida renovada de los nuevos primitivos; y para los que acudían a profesarla, así de los padres Calzados como de los del siglo, estaba aquello muy angosto y desacomodado, les ofrecieron algunos caballeros puestos más acomodados en sus lugares, deseando tenerlos por vecinos. Entre todas la que más agradó al padre Prior y al santo padre fray Juan y a los demás conventuales fue la que les ofreció don Luis de Toledo y doña Isabel de Leiva, su mujer, señores de la villa de Mancera. Y así estos Señores fundaron allí tan aprisa monasterio que a once de junio de mil y quinientos y setenta, día del glorioso San Bernabé, se puso en él el Santísimo Sacramento, por traslación allí del convento de Duruelo, que no había servido más que de humilde nacimiento del nuevo Carmelo.

Acudieron luego a tomar el hábito de Descalzos en Mancera muchos novicios en quien ejercitó nuestro venerable Padre su magisterio, con tan gran utilidad de los gobernados que fue aquella casa una escuela perfecta de gente espiritual muy aprovechada. Su vida del Varón del Señor era para sus novicios y para los demás como regla viva porque lo que la escrita ordena lo veían puesto en ejecución en su persona.

P. Alonso de la M. de D.

41

ALCALÁ DE HENARES

El día 1 de noviembre de 1570 se funda el Colegio de San Cirilo en Alcalá de Henares. A este centro, el primer Colegio de los Descalzos, acudirán los novicios de Mancera y de Pastrana, cursando sus estudios en la Universidad Complutense. En el Colegio recibirán la formación religiosa. Fray Juan de la Cruz es nombrado rector del mismo y toma posesión del cargo a mediados de abril de 1571. La formación de novicios y de estudiantes será una de las constantes de más trascendencia en la vida de Fray Juan: Duruelo, Mancera, Pastrana, Alcalá, Baeza, Granada, Segovia...

daba a la monja inapetente. Otro día deja un envoltorio: son unos zapatos nuevos. Había visto por la mañana que una monja barría el patio descalza, y subió a la ciudad, recorrió calles y plazas pidiendo limosna, y con ella compró aquel calzado para la pobre monja necesitada. Otra vez es un hábito; quizá una simple estampa con una sentencia espiritual. Pero son rasgos de cariño y solicitud de padre, que no pasan inadvertidos a las monjas de la Encarnación. Añádase a esto el prestigio que le dan algunos casos maravillosos recientes. Corren por el convento en boca de las monjas, que se lo cuentan unas a otras sigilosamente y con cara de asombro a la puerta de la celda o en el ángulo sombreado de un claustro, en cuchicheos rápidos y misteriosos. El último es un éxtasis que tuvieron a la vez la madre Teresa y fray Juan. Lo ha visto Beatriz de Cepeda y Ocampo al entrar en el locutorio a dar un recado a la Madre el día de la Santísima Trinidad. Diez veces llamó a la puerta sin que le contestaran. Cuando al fin entró, se encontró con la madre de rodillas ante la reja y arrobada, mientras fray Juan se elevaba con sillón y todo hasta cerca del techo. El locutorio estaba iluminado, y en el ambiente flotaban aún las últimas palabras del santico incandescente, que habían provocado el dulce éxtasis. Así los ha visto Beatriz de Cepeda, y así corre la voz por el convento y por la ciudad. Cuando la madre Teresa sale al jardincillo, y las monjas aluden al caso maravilloso, la santa comenta sonriente: «No se puede hablar de Dios con fray Juan, porque luego se transpone y hace transponer».

Si las monjas admiran a fray Juan por su virtud, su ciencia y sus éxtasis maravillosos, el pueblo le conoce por sus milagros. Ávila está llena de su nombre. Todos señalan con el dedo a aquel frailecillo, menudito y descalzo, que atraviesa las calles humilde y abstraído, camino del convento de las Descalzas. Acaba de hacer un prodigio ruidoso. La gente conoce y comenta los detalles, porque ha sido público.

Era una monja agustina de ciencia maravillosa. Sin haber estudiado, hablaba lenguas, descifraba las Escrituras y asombraba a los sabios. Los sacerdotes y religiosos que la oían, quedaban sobrecogidos de admiración. ¿Espíritu de Dios o espíritu diabólico? Los superiores hicieron examinarla a los letrados de la ciudad. El informe fue favorable. Después se hizo venir a un grupo de catedráticos de Salamanca para que emitiesen nuevo dictamen. Vinieron Mancio de Corpus Christi, Bartolomé de Medina, Guevara, hasta el insigne maestro fray Luis de León. Ávila los ha visto por sus calles; se ha comentado su presencia en la ciudad y se han contado las horas que ha durado la sesión de examen del espíritu de la monja. El dictamen es afirmativo: se trata de buen espíritu. Finalmente, se ha llamado a fray Juan para que la examine y dé su parecer. Poco tiempo y pocas formalidades necesita: una hora escasa de conversación con ella, y al salir, ante el superior que espera nervioso el resultado de la entrevista, pronuncia el joven Descalzo su dictamen, claro, firme, rotundo: «Señores, esta monja está endemoniada». Y aguantando las maldiciones de la infeliz, que unas veces amenaza enfurecida y otras se deja caer desplomada sobre el suelo, el santo la exorciza, arrojando de ella varias legiones de demonios, que abandonan la pobre monja entre rugidos, maldiciones y espumarajos.

El caso corre como la luz por Ávila y sus contornos. Se admira el poder del santo confesor de la Encarnación,

15. Ávila (1572-1577). A santa Teresa la han nombrado priora del convento de la Encarnación de Ávila y la santa llama a fray Juan, para que la ayude en el gobierno de aquel enorme monasterio, desde el puesto de vicario y confesor de la comunidad. La obra de los dos santos deja una huella profunda e imborrable entre las monjas. Algunas les han sorprendido extasiados en el locutorio.

Hablando un día nuestro venerable Padre con nuestra madre Santa Teresa, como solían, de las cosas eternas, estando la santa Madre por la parte de adentro del locutorio y él por la de afuera, encaminóse la plática al misterio de la Santísima Trinidad. Y tomando el Santo la mano, comenzó a hablar de él con tan superior luz y alteza de sus palabras, con afecto tan encendido y tierno que, dejando suspensa y traspuesta en Dios a la Santa, él no solamente fue traspuesto, sino también arrebatado en el aire con la misma silla donde estaba sentado, subiendo, como otro Elías en su carro de fuego. Este admirable espectáculo vieron religiosas que acaso entraron a negociar con la santa Madre, y entre ellas lo hizo público una religiosa llamada Beatriz de Jesús, que entrando a dar un recaudo a la santa Madre, viendo este espectáculo en el locutorio, vuelta a salir admirada puso admiración en los demás. Después, preguntada la Santa acerca de esto, respondió haber sido la causa de esta elevación, ímpetu o rapto que, hablando el Santo del misterio de la Santísima Trinidad con unas palabras más que humanas, cuya penetración llena de luz, había dado al alma una tan alta noticia de este soberano misterio que el alma se había anegado en aquel mar inmenso.

P. Alonso de la M. de D.

y su paso por la ciudad es señalado con miradas de veneración y de cariño. Hasta la madre Teresa celebra el caso maravilloso en una carta que escribe por estos días a la Priora de Medina: «Ahí la envío el santo fray Juan de la Cruz, que le ha hecho Dios merced de darle gracia de echar los demonios de las personas que los tienen. Ahora acaba de sacar aquí en Ávila de una persona tres legiones de demonios, y a cada uno mandó en virtud de Dios le dijese su nombre, y al punto obedecieron».

Pero no todo son aplausos y admiración para fray Juan de la Cruz en Ávila. Mientras las monjas se aprovechan de su dirección, y las gentes le bendicen a su paso por la ciudad como a varón del cielo, hay manos que le golpean y ojos que atisban fiscalizadores y recelosos sus movimientos.

Es un atardecer de invierno, ya casi en la penumbra de la noche. Desde la puerta de la iglesia de la Encarnación se ve aún la silueta de las almenas, que se destacan a contra luz en el fondo del cielo apenas iluminado por el crepúsculo vespertino. El monasterio monjil se envuelve en sombras y en silencio. Nadie transita ya por allí.

Solo se oye el rezo pausado de las monjas en el coro, acompañado por el ruido suave del rodar apresurado del regatillo próximo, que siente prisa por llegar al Adaja. El firmamento se va salpicando de estrellas y luceros cada vez más vivos. Fray Juan sale de la iglesia. Ha terminado sus rezos y va a recogerse ya en su casita blanca. Se oye, primero, el ruido del cerrojo y de las llaves, y luego sus pasos que resuenan sobre las losas en aquel silencio de la noche. Pero le sigue una sombra: una sombra que ha salido del machón de piedra adosado al muro de la iglesia.

16. ÁVILA. Durante estos años en la Encarnación, Juan de la Cruz tiene una visión de Cristo en la Cruz. Queda tan impresionado que la reproduce en un papel y regala el dibujo a una monja del monasterio. El original se conserva aún. Es una interpretación originalísima del Crucificado y en ella se inspiró Dalí para pintar su famoso Cristo.

También a este tiempo aquí en Ávila se le apareció al Siervo del Señor Cristo nuestro Redentor enclavado en la cruz, en la manera que su santo cuerpo, después de apartado de él su santísima ánima, desarrimado de la cruz, quedó sobre los clavos de los pies, estando muy tirantes los brazos de los clavos de las manos, inclinado el rostro y él todo hacia la tierra, como descoyuntado. Después de haber el Siervo del Señor contemplado aquel espectáculo de tan acerbísimos dolores como allí se veía haber padecido Su Majestad por nuestra redención, tomando el Santo un papel y pluma, con el vivo sentimiento de su alma, sacó y dibujó en él aquella celestial visión, expresando con tal primor lo dicho, que mueve a compasión de este Señor sólo el mirarlo. La cual figura que así el Santo pintó se muestra hoy en Ávila en el convento de la Encarnación, donde esto sucedió, siendo el venerable Padre allí vicario; y ha sido, en los cincuenta y cuatro años que ha que la pintó, estimada, no sólo por ser imagen de nuestro Redentor, sino también por ser hechura de sus manos del Santo.

P. Alonso de la M. de D.

Le sigue cautelosamente, sin ruido, cada vez más cerca. Y en el momento en que fray Juan, pasado ya el monasterio y las tapias de la huerta, va a entrar en su casita blanca, se abalanza sobre él, lo derriba en el suelo y le golpea furiosamente. Fray Juan se levanta del suelo, sacude el hábito embarrado y entra sonriente, perdonando y bendiciendo, en su casita. No ha visto el santo el rostro de su verdugo, ni ha oído su voz; pero sabe quién es: un hombre que ha querido vengarse así de que fray Juan haya convertido a vida honesta a la mujer cómplice de su pecado.

Dentro esperan al santo los demonios, que quieren vengarse también, como puedan, de las derrotas que fray Juan les inflige. No le dejan dormir. Hay ruidos de cadenas arrastradas por el suelo; golpes de puertas que se abren; crujir de techos que se desploman con estrépito. El dulce frailecico se siente arrojado de su tarima, arrastrado, golpeado, martirizado. Es la imagen de la gran persecución que se avecina; son preludios de una pasión dolorosa en la que van a tomar parte, a la vez, los hombres y los demonios.

17. ÁVILA. El trabajo de Juan de la Cruz no se limita a las monjas de la Encarnación. Su fama de santo se extiende por la ciudad y su confesionario es cada día más visitado. Aquí nacerán algunas amistades que le serán fieles toda la vida. Pero no todos ven con buenos ojos su labor. Un día, ya anochecido, unos hombres se lanzan sobre él y le apalean, cuando se dirige a su casa. Un caballero despechado se venga así del santo que ha frustrado sus devaneos. Es el preludio de otras amenazas mayores.

Un hombre de Ávila sospechó del Santo (siendo allí confesor) que le era estorbo para conseguir cierta cosa que pretendía, y aguardólo una noche que salía de confesar las monjas de la Encarnación y dióle de palos y maltratólo muy mal; y aunque le conoció, no quiso descubrir a nadie, sino que los recibió con sumo consuelo, y le dijo a este testigo que jamás le había sido cosa de tanto consuelo como padecer aquello por amor de Dios.

Declaración de Ana de San Alberto

49

5.
LAS PRIMERAS PERSECUCIONES

YA HA TERMINADO LA MADRE Teresa su oficio de Priora en la Encarnación y se vuelve a su amado conventito de San José. Las monjas están tristes. Se les va la que ha sido durante tres años el bien y la alegría de todas. ¡Y deja tantos recuerdos imborrables por claustros, celdas y oficinas!... Aquella escalera amplia que da al claustro del patio central; el locutorio de los éxtasis y las visiones; la Virgen del coro en la silla prioral... Y, sobre todo, sus obras y sus palabras envueltas siempre en virtud y en amor para sus hijas.

Cuando se abre la puerta de la clausura y la Madre traspasa el umbral, se oyen dentro sollozos bajo los negros velos de las monjas inconsolables. Fuera espera fray Juan de la Cruz, que va a acompañar a la Madre hasta el convento de las Descalzas. Unas dulces y emocionadas palabras de despedida de la santa Priora vuelta a las hijas que deja, y los dos sublimes Reformadores emprenden la subida de la ciudad. Atraviesan el barrio de Ajates. Las mujeres se asoman a las ventanas de sus míseras casuchas para verlos pasar. Van hacia la puerta de San Vicente. Fray Juan con los pies descalzos; la madre Teresa con el velo discretamente caído sobre el rostro. Pero todos los reconocen: saben que aquélla es la santa Fundadora del conventito de San José, y que aquel es el que vence a los demonios y los arroja de los posesos. Por eso se detienen al verlos pasar, y los siguen cariñosamente con la vista, hasta que tuercen alguna callejuela.

Cuando los dos santos llegan arriba, al pie de las murallas, tuercen hacia levante; pasan entre la basílica y el arco de San Vicente; dejan a su derecha la fortaleza de la catedral, y antes de llegar frente a la puerta magnífica del Alcázar, tiran por la izquierda, pasan cerca de la iglesia románica de San Pedro, que queda a su derecha, y a los pocos minutos se encuentran ante la portería del conventito de San José. Cuando la hermana tornera reconoce desde dentro la voz de la santa Madre, da un brinco de alegría y corre alborozada a decírselo a las monjas, que corren también loquitas de alegría hacia la puerta reglar para recibir a la madre Reformadora.

A los pocos momentos, fray Juan de la Cruz baja solo y pensativo hacia su casita blanca próxima a la Encarnación. Ha dejado a la madre Teresa entre sus Descalzas, y presiente, en aquella soledad de su ausencia, los días amargos que le esperan.

No se ha equivocado. Al poco tiempo, recibe una comunicación violenta del P. Valdemoro, prior de los Calzados, en que le destituye de su oficio de confesor y vicario de la Encarnación, le obliga a abandonar la casita

Comunicando con el dicho venerable P. Fr. Juan de la Cruz, le dijo a
esta testigo, estando presentes otras religiosas en este dicho convento, un
caso que le había pasado en razón de que una religiosa de otra Orden,
que se entendía que estaba endemoniada, y que religiosos de la Orden
de la dicha religiosa, entendiendo que el dicho venerable Padre ser de
tanta santidad y que podría remediar aquel negocio, lo habían tratado
con él, y que en particular la había hablado a la dicha monja y hecho
diligencia tal que entendió que tenía demonio en el cuerpo; y que así
había dado noticia a los inquisidores de aquel distrito, y que le habían
dado licencia para que hiciera la diligencia que convenía, y que la
había hecho con la dicha religiosa y había hallado que tenía demonio
en el cuerpo; y el venerable Santo, en virtud de la gracia y fortaleza
que tenía del Señor, por los dichos conjuros le había sacado al dicho
demonio la cédula, quedando libre la dicha religiosa.

Declaración de Florencia de los Ángeles

blanca y le condena a ser conducido, preso, a la cárcel conventual de Medina del Campo. No se le dice por qué; pero él lo sabe. Los padres del Carmen miran su presencia en la Encarnación como una humillación para ellos; les duele su prestigio; les sonroja, como un reproche, su porte de fraile reformado. Todo, menos consentir que, estando ellos allí, dirija y gobierne un Descalzo a las monjas calzadas.

No protesta fray Juan. Coge su bordón y su breviario, y emprende, entre dos guardianes, el camino de Medina. Primero, senda zigzagueante entre peñas grandonas y encinas, quizá agobiadas por la nieve en estos crudos días de diciembre en que hacen el viaje; después, tierras rojas de Mingorría; luego, bajando, las llanuras de Arévalo, que hacen recordar a fray Juan los primeros años de su orfandad desamparada; y al fin, Medina. Cuando divisan a lo lejos la silueta gris y gigantesca del castillo, el santo siente un estremecimiento de dolor. Allí, muy cerca, están su madre y sus amigos. Cuando le vean llegar de aquel modo, preso, quizá maniatado, entre dos guardianes camino de la cárcel... Salió de Medina, hace años, con aureola de santidad y de sabiduría, y vuelve ahora como un mal fraile, digno de prisión.

Pero no va a triunfar la injusticia por esta vez. El nombre, la admiración y el cariño que en Ávila se ha ganado fray Juan con obras, virtudes y milagros, hace que el atropello del Prior del Carmen provoque un clamor de protesta en la ciudad, que pide a gritos la vuelta del santo confesor de la Encarnación. Con la ciudad indignada, lo piden también las pobres monjas, asustaditas de aquel «gran escándalo», como lo califica santa Teresa en carta que escribe en seguida al General del Carmen. La protesta irritada de la ciudad llega a oídos del Nuncio Ormaneto, y a los pocos días vuelve fray Juan a Ávila, ocupa su casita blanca junto a la Encarnación y reanuda su oficio de confesor y vicario de las monjas.

Recio es el golpe para sus enemigos, que desde la torre del Carmen, por encima de las murallas, le ven moverse de nuevo allá abajo, junto al convento monjil. No se resignan. Esperarán, forzados, ocasión favorable; pero el Descalzo tiene que desaparecer de allí definitivamente. Dos años dura la espera: dos años de silencio aparente y de intriga, madurando planes y tramas, echando cálculos, atisbando constantemente los movimientos del santo Reformador. Todas las iras de los Calzados contra la Reforma van concentrándose sobre la cabeza de fray Juan, hasta que, al fin, colmada la medida, se desencadena brutalmente la tormenta.

Algo anormal sucede en Ávila. El pueblo está inquieto. Son los últimos días de noviembre de 1577, y a pesar de la nieve que cubre calles y sendas, la gente va, como sobresaltada, de un lugar a otro. Hay reuniones precipitadas y misteriosas; hay bajar y subir de alguaciles desde la ciudad a la Encarnación por el senderillo pendiente y resbaladizo de hielo; hay cabildeos de frailes en el convento del Carmen, adonde acaba de llegar el Prior de Toledo. Y en los alrededores de la casita blanca de fray Juan de la Cruz hay guardia y espías permanentes. ¿Qué sucede?

Los frailes del Carmen preparan un nuevo prendimiento del santo confesor de la Encarnación; el pueblo de Ávila, que quiere a fray Juan porque le ha visto obrar milagros, se lo teme, y ha puesto, para evitarlo, vigías en torno a su celdilla. Pero los frailes del Carmen esperarán el momento oportuno.

Mientras tanto, fray Juan sigue tranquilo su vida: atiende y confiesa a las monjas; reza su breviario; escribe cartas; dirige y consuela a los que se acercan a su casita blanca. Pero lo sabe todo. Hace unos días, en la oración, le han revelado la cárcel y los tormentos que le esperan. Y no quiere huir ni ocultarse. Desde el ventanillo de su celda ve tranquilo el ir y venir de los calzados; los manejos de Padre Maldonado, prior de Toledo, que acaba de llegar comisionado para prenderle, y la inquietud de la gente buena que, al pasar por delante de su casita, se queda mirando con esa mirada inconfundible del que inquiere o teme algo.

Noche del 3 de diciembre de 1577 en Ávila. Ha nevado. La tierra, más blanca que el cielo, le devuelve una luz difusa, plateada, como de luna llena. La ciudad duerme silenciosa y helada. Hasta la guardia que los días pasados vigilaba los alrededores de la Encarnación se ha retirado. Fray Juan de la Cruz descansa arropado sobre su dura tarima. Pero unos ruidos sospechosos le hacen levantar. Primero oye pasos de gente que se acerca; luego unos golpes violentos y acelerados contra la puerta de la casita; enseguida el ruido de la puerta que cae con estrépito, y ante el santo confesor aparece un fraile del Carmen rodeado de gente armada. No hay intimaciones legales que justifiquen la prisión. El padre Maldonado se abalanza sobre fray Juan, le sujeta violentamente por el cuello de la túnica y le saca de la celda maniatado.

No le dejan recoger nada: ni breviario, ni cartas, ni siquiera el bordón de sus viajes. Sienten prisa por alejarse de allí. Temen que, enterados en la ciudad, lo libren de sus manos, y suben con precipitación la pendiente norte de las murallas.

Detrás de ellas, en el Carmen, está ya preparado el calabozo. Allí pasará el resto de la noche el santico de fray Juan.

Apenas amanecido, comienza a correr por Ávila la voz de la desaparición del santo. Se ha notado primero en la Encarnación. No va a decir misa, y las monjas, preocupadas, envían a ver qué le pasa. Corren los recaderos a la casita y encuentran la puerta derribada; la celda, vacía; la pobre ropa de la tarima, revuelta; y sobre la mesa y por el suelo unos papeles rasgados esparcidos. No hay duda: fray Juan ha sido apresado de nuevo. Sube la noticia a la ciudad; corre por las calles, y entra por las rejas del convento de San José. La madre Teresa, que está allí, se queda fría al saberlo. Pero reacciona, toma la pluma y escribe con mano temblorosa de emoción y nerviosismo al rey Felipe II estas líneas:

«Está todo el lugar bien escandalizado; que ni parece temen [los que han prendido a fray Juan] que hay justicia ni a Dios. A mí me tiene muy lastimada verlos en sus manos... y tuviera por mejor que estuvieran entre moros, porque quizá tuvieran más piedad. Y este fraile, tan siervo de Dios, está tan flaco de lo mucho que ha padecido, que temo por su vida. Por amor de nuestro Señor suplica a vuestra Majestad mande que con brevedad le rescaten, y que se dé orden cómo no padezcan tanto estos pobres descalzos todos, que ellos no hacen sino callar y padecer».

Pero mientras la madre Teresa escribe al Rey, y las monjas lloran, y la ciudad protesta indignada del atropello cometido, fray Juan, lejos ya de las murallas de Ávila, camina silencioso y maltratado con rumbo para él desconocido...

6.
EN LA PRISIÓN DE TOLEDO

NOCHE DE DICIEMBRE en el puerto del Guadarrama. La cellisca restalla en los peñascos de granito, y brama, alejándose, entre los árboles del pinar. La nieve, que cae en remolinos alborotados, va borrando los senderos y abrumando las ramas abiertas de cedros y terebintos.

Tres hombres golpean la puerta del mesón que se levanta a la vera del camino. Cuando se abre la puerta, la candileja del mesonero ilumina la figura de los caminantes: son dos frailes y un mozo con sus cabalgaduras. Unas palabras, que apenas deja oír el bramido del viento, y entran todos. Al cerrarse la puerta, vuelve la oscuridad a envolver el contorno de la casona destartalada, cuyos muros, puertas y ventanas azota con furia el viento cargado de agua, de nieve y de granizo.

Cuando los frailes se retiran a sus cuartos, el mesonero y el mozo que les acompaña se sientan junto al fogón donde arden y chisporrotean troncos de encina y carrasca seca. En la ventana suena el martilleo desigual del agua y del granizo que rebota en los cristales. Habla el mozo del mal camino que han traído. Vienen de Ávila. La nieve les ha seguido a todo lo largo del viaje. Han tenido malos ratos, porque las sendas estaban borradas y se creían perdidos en la sierra. Sobre todo el fraile joven —dice bajando la voz con misterio y volviendo la cabeza como si temiese ser oído— ha sufrido mucho. Viene descalzo, sin más abrigo que una tuniquilla y su hábito corto. Y luego, maltratado por el otro fraile. «Lo lleva a encarcelar». El mesonero hace un movimiento de asombro y se queda mirando al arriero, que baja todavía más la voz: «Sí; se llama fray Juan de la Cruz. Es un santo; a todo calla; no se le ha oído una queja en el camino. En Ávila dicen maravillas de él; ha curado enfermos sin medicina y ha echado a los demonios de una monja endemoniada». —«¿Entonces? —dice el ventero—. Es por envidia». —«Yo os aseguro —responde el mozo— que es inocente y que no ha hecho mal a nadie». Y el mozo propone al del mesón librar al fraile joven de las manos del viejo y de la cárcel terrible que le espera. Asiente el de la venta. Y llamando sigilosamente a fray Juan, le comunica el proyecto. Una sonrisa angelical del santo agradece la bondad del ventero y del mozo; pero no acepta el caritativo ofrecimiento.

A la mañana siguiente, mañana de sierra aterida por el hielo, antes de que las primeras luces proyecten con nitidez la silueta de los peñascos y de los árboles, los tres viajeros: el P. Maldonado, fray Juan de la Cruz y el mozo, salen del mesón y reanudan su viaje a través de la serranía por aquellos senderos blanqueados y resbaladizos.

Llanuras pardas de Madrid; vega siempre florida del Tajo en Aranjuez; campos de regaliz, de trigo y de viñedo próximos a la ciudad imperial; todo lo va recorriendo fray Juan camino de su cárcel.

Es de noche cuando llegan a las puertas de Toledo. El padre Maldonado ha calculado bien el tiempo y la marcha. Tenían que entrar a oscuras para que nadie se apercibiese del encierro de fray Juan, temerosos de que alguno le vea, dé parte y tengan que soltarle, como les sucedió cuando le encarcelaron en Medina. Pero no es bastante que no le vean: es necesario que tampoco vea él por dónde entra para que no pueda escaparse. Y sacando el padre Maldonado un pañizuelo del bolsillo, venda los ojos a fray Juan, que entra así, con los ojos vendados, a pie, entre el fraile y el mozo, por el puente de Alcántara, y sube por las callejuelas empinadas, estrechas y retorcidas, hasta llegar al convento del Carmen.

De haber entrado sin venda en los ojos, hubiera visto, al pasar por el puente, el bello emplazamiento de su cárcel, al borde de la cuenca rocosa del Tajo, casi a los pies del Alcázar imperial, con una espléndida perspectiva desde el puente de Alcántara.

Dentro espera a fray Juan el P. Jerónimo Tostado, Visitador General. Ante él comparece el pobre Descalzo como un reo. De pie frente a la mesa en que preside el Visitador, fray Juan oye sereno los cargos que se le hacen. Le acusan de contumacia al no abandonar la Reforma emprendida con la Madre Teresa; de amigo de novedades y distinciones; de desobediente y escandaloso para sus hermanos.

Hay amenazas y ofrecimientos. El P. Visitador, enfurecido unas veces, le señala con el dedo el calabozo donde irá a

19. TOLEDO. San Juan de la Cruz en la cárcel. Los carmelitas reformados de la madre Teresa han crecido mucho desde aquel 28 de noviembre de 1568. Tienen fundaciones en Castilla, la Mancha y Andalucía. Con el número ha crecido su fama y su prestigio. El capítulo general del Carmen, reunido en Piacenza en 1575, decreta la práctica supresión de los descalzos. La ejecución de sus decretos se pone en marcha en 1577, cuando muere el nuncio Ormaneto, que era amigo y defensor de los Descalzos. De esta guerra entre hermanos el peor parado fue San Juan de la Cruz, que fue a dar con sus huesos en la cárcel de Toledo.

Y sobre todo hales quitado éste los confesores (que dicen le han hecho vicario provincial, y debe ser porque tiene más partes para hacer mártires que otros) y tiene los presos en su monasterio, y descerrajaron las celdas, y tomáronles en lo que tenían los papeles.

Está todo el lugar bien escandalizado cómo, no siendo perlado ni mostrando por dónde hace esto (que ellos están sujetos al comisario apostólico), se atreven tanto, estando este lugar tan cerca de donde está vuestra majestad, que ni parece temen que hay justicia ni a Dios. A mí me tiene muy lastimada verlos en sus manos, que ha días que lo desean, y tuviera por mejor que estuvieran entre moros, porque quizá tuvieran más piedad. Y este fraile, tan siervo de Dios, está tan flaco de lo mucho que ha padecido, que temo su vida.

Santa Teresa (Carta a Felipe II)

parar si persiste en su actitud; otras, aparentando suavidad y cariño, le ofrece la perspectiva de una prelacía a cambio de su hábito corto y sus sandalias. Hasta sonido de oro se oye en la salita aquella. Pero fray Juan permanece impertérrito. Ante sus ojos se levanta, de fijo, la visión de Duruelo, en cuya iglesuca pobre, llena de cruces y calaveras, prometió a Dios vida descalza hasta la muerte. Y se levanta también la amable y santa figura de la madre Teresa, a la cual prometió fidelidad y ayuda en el locutorio de Medina. No puede abandonarla ahora, en el momento del peligro.

El desenlace es lógico; el P. Visitador dicta sentencia condenatoria, y fray Juan va a dar con su cuerpo extenuado en el suelo frío de una celdilla estrecha, lóbrega y maloliente.

Seis pies de ancho y diez de largo tiene el inmundo cuchitril. Ha servido hasta ahora, de excusado a la sala inmediata, y ni tiene ventanillo, ni cama, ni mesa, ni siquiera unos libros con que distraer las horas interminables. No hay más que unas mantas viejas y desgarradas sobre el suelo donde tendrá que dormir. Fray Juan entra en su cárcel, convencido de que acabará por ser, según le dicen, su ataúd y su sepulcro.

Refectorio conventual. Sala espaciosa y alargada. En un extremo, la puerta; en el otro, la mesa presidencial, con una cruz grande en el testero. A lo largo de los muros laterales, y dándose cara, las mesas que ocupan los frailes. Uno lee desde un púlpito algunos versillos de la Escritura. Los demás comen en silencio. Se abre la puerta y entra el carcelero. Detrás aparece fray Juan. Va descalzo; la cara demacrada; la barba crecida; sin más vestido que la túnica de su hábito burdo, con una soga de esparto a la cintura. Todos los ojos se vuelven hacia él. Hace el Prior una seña, fray Juan se pone de rodillas en medio del refectorio, y empieza a comer en el suelo unos mendrugos de pan que le arrojan los frailes como único alimento. Si es día de fiesta, le regalan con una sardina en salazón.

Los frailes comen y miran al pobre descalzo, que cada día está más flaco y macilento. El hambre y la lobreguez de la cárcel le van consumiendo poco a poco. Cuando fray Juan termina su comida de pan y agua, espera recogido, de rodillas, que terminen los frailes la suya de carne, pescados y legumbres. Una señal del Prior sobre la mesa, y todos clavan los ojos en el descalzo arrodillado. Hay un breve silencio. Luego suena la voz del Prior dirigiéndose a fray Juan. Blanduras y amenazas; exhortaciones patéticas a que abandone sus propósitos y conminación de nuevas y mayores penas, si resiste. El santo permanece inmóvil y silencioso. Los frailes se miran indignados de la inmutable serenidad de aquel hombre consumido, y le llaman «lima sorda», «agua mansa», «mátalas callando», como pequeño desahogo contra la santa entereza del Reformador.

Una nueva señal del Presidente, y comienza la disciplina circular. En medio del refectorio, fray Juan ofrece sus espaldas desnudas y encorvadas a los latigazos que los frailes, que pasan por orden, van descargando sobre ellas.

Y luego, otra vez a la cárcel, hasta el día siguiente, que volverá a repetirse la escena.

Años más tarde, en los últimos de su vida, aún llevará fray Juan en las espaldas unas heridas mal curadas, reliquias de aquellos terribles latigazos de Toledo.

Cinco meses lleva fray Juan en el inmundo calabozo: cinco meses sin ver la luz del día; sin respirar aire puro;

20. Algunos biógrafos del santo quisieron amenizarle la cárcel con visiones y ángeles músicos; pero la verdad fue otra. La única música que suena en aquella pequeña y pestilente habitación es la que brota del alma lírica del preso, que compone aquí una buena parte de sus mejores poemas. El santo pasa en la cárcel nueve meses de total aislamiento.

Y fue la prisión en la ciudad de Ávila, estando él por confesor de las monjas de la Encarnación que son de nuestra Orden. Y de allí le llevaron a Toledo, donde le pusieron en una estrecha cárcel y tan oscura que no tenía más luz que la que entraba por una saetera rasgada que venía a estar en un rincón de esta carcelilla. Faltando en este tiempo el religioso que era carcelero del Santo Padre, el Prior me dio cargo de él y de la carcelilla. Y así en el tiempo que le tuve a cargo le vi que estando roto y maltratado y con la descomodidad del lugar en que estaba muy flaco, él lo llevaba todo con gran paciencia y silencio, porque jamás le vi ni oí quejarse de nadie ni culpar a los que así le ejercitaban ni mostrar flaqueza en acuitarse, lastimarse ni llorar su suerte, antes con gran serenidad y modestia y compostura llevaba su cárcel y soledad.

Declaración de Juan de Santa María

sin mudarse de ropa; sin moverse de su cárcel más que para ir a recibir de noche la disciplina circular al refectorio. Ha aguantado, acurrucado en el suelo entre los harapos de la mantilla desgarrada, los fuertes hielos toledanos de diciembre y enero, que calaban por el tejadillo roto.

Pero hace unos días le han cambiado el carcelero. Es un poquito bondadoso. Sus modales son dulces; sus palabras, suaves y cariñosas. Fray Juan advierte que le mira con compasión, casi con simpatía, y que quiere aliviarle las asperezas de la prisión. Un día le da una túnica limpia para que se mude, después de cinco meses. Otro, aprovechando la hora en que los frailes duermen la siesta, le abre la carcelilla para que salga a respirar el aire puro en una habitación próxima, con vistas al Tajo. Hasta una candileja le da para que pueda leer algo.

No sabe fray Juan cómo pagarle estos favores. No le queda más que la dulce sonrisa de sus labios y un crucifijo que lleva en el pecho, al lado del corazón. Y todo se lo da al caritativo carcelero: sonrisa y crucifijo, mientras en el fondo de su alma se queda con un recuerdo perenne de gratitud por aquellos alivios, que él no olvidará nunca.

¿Qué hace el santo prisionero en la cárcel? Ora, reza, canta. A veces se ilumina la oscura celdilla con luz del cielo; se oyen cantares de ángeles y aparece la Virgen entre nubes de gloria. Entonces el alma del joven descalzo se ilumina también; le brillan los ojos ilusionados; se sonríe embebecido de gusto, rebosante de místicas dulcedumbres. Pero otras, las más, su espíritu se ve envuelto en oscuridades más densas que las que envuelven su cuerpo en el calabozo: dudas sobre su proceder, que hasta entonces le ha parecido acertado y seguro; temores sobre el porvenir de la Reforma; arideces interiores; tentaciones contra la fe y la esperanza; desorientación... Es el abandono de Dios que se une al de los hombres. El santo desahoga su dolor cantando, como poeta:

¿Adónde te escondiste,
Amado, y me dejaste con gemido?
Como el ciervo huiste,
habiéndome herido;
salí tras ti clamando, y ya eras ido.

Pero su voz se pierde, sin respuesta, en la oscuridad de la cárcel solitaria. ¡Si al menos quisiesen, los que gozan de libertad, llevar su mensaje acongojado!...

Pastores los que fuerdes
allá por las majadas al otero,
si por ventura vicrdes
aquel que yo más quiero,
decidle que adolezco, peno y muero.

Así, sufriendo y cantando, pasa fray Juan hasta mediados de agosto. La estrecha prisión arde ya recalentada por el sol toledano, que cae como fuego sobre el tejadillo de la celda carcelaria. El pobre descalzo se asfixia de sed y de calor.

Es el 14, víspera de la Asunción de la Virgen. Fray Juan ora con la frente en el suelo. Ensimismado en su oración, no advierte que el Prior entra en la cárcel. «¿Qué piensa?», le dice este dándole con el pie en la cabeza. —«Que mañana es día de Nuestra Señora —responde el santo mansamente— y me holgara mucho decir misa». —«No en mis días» —corta brusco y rápido el Prior abandonando la cárcel.

Y el santico de fray Juan vuelve a quedar solo en la oscuridad recargada y asfixiante de su prisión.

7.
UN SANTO QUE SE FUGA
DE LA CÁRCEL

Es el 16 de agosto de 1578. En el convento del Carmen de Toledo hay inquietud y malas caras. Los frailes están indignados. Unos se asoman al corredor que da al Tajo y examinan unas tiras de mantas anudadas, que cuelgan por fuera, sujetas a la ventana por el mango retorcido de un candil. Otros bajan al patio que da a la muralla de la ciudad. Los hay que recorren ansiosamente los más ocultos rincones del convento.

Al pie de la cárcel abierta y vacía, el Prior reprende enfurecido al carcelero que no sabe dar razón de fray Juan de la Cruz. El pobre carcelero jura que anoche, antes de retirarse a dormir, dejó bien cerrada la cárcel, y el fraile descalzo en ella, echado sobre la esterilla. Esta mañana, al venir, se ha encontrado la cárcel abierta. No sabe más. Nadie se explica la fuga de fray Juan, pero es un hecho. Allí están, además de la cárcel vacía, aquellos jirones de manta que cuelgan del ventanal, atestiguándolo. El Prior se lleva las manos a la cabeza; el Visitador General está desencajado; los frailes se excusan, asegurando que nada saben. Hay lamentaciones y amenazas. Pero no hay que perder tiempo. Quizá el fugitivo está todavía cerca. Y los frailes, bravos de indignación y acompañados de alguaciles, se lanzan a la calle en busca del Descalzo huido.

También en el convento de las Carmelitas descalzas, situado casi en la parte opuesta de la ciudad, cerca de la puerta del Cambrón, hay ir y venir de monjas alborotadas. Pero es un bullicio alegre. Les brillan los ojos de contento y les salen exclamaciones de bendición de lo más hondo del alma. Es que hace un momento sonó la campanita del torno, y la hermana tornera ha oído una voz muy débil que contestaba: «—Hija, fray Juan de la Cruz soy, que me he salido esta noche de la cárcel. Dígaselo a la madre Priora». Y la noticia produce una explosión de alegría entre las Descalzas. Nueve meses llevaban, por encargo insistente de la madre Teresa, pidiendo en sus oraciones la liberación de fray Juan, sin saber que le tenían encarcelado tan cerca.

Una circunstancia providencial, la agravación de una monja enferma, que pide confesión, ofrece oportunidad al santo fugitivo para entrar en la clausura. Cuando las Descalzas le ven de cerca, se les saltan las lágrimas. Da lástima verle. Viene sin capa blanca; con el hábito roto y sucio de tanto tiempo de cárcel y de descolgarse, en la huida, por muros y trepar por tapias; el rostro, seco y demacrado; la barba, crecida y enmarañada; el cutis, ennegrecido; el paso, vacilante de debilidad... Necesita ropa y alimento, y las monjitas se apresuran a recoserle una sotanilla y a prepararle unas peras asadas con canela.

21. Toledo. Juan de la Cruz, harapiento y famélico, decide escaparse de la cárcel para salvar su vida. Lo consigue una noche de agosto de 1578, haciendo una soga con sus viejas mantas y descolgándose hasta caer sobre la muralla. Tanto el hecho de la fuga como las circunstancias resultan tan inverosímiles que los biógrafos antiguos recurrieron a intervenciones milagrosas para explicarla.

En este tiempo, una noche, habiendo este testigo cerrado la puerta de la cárcel con su candado y llave, el siervo de Dios fray Juan de la Cruz se salió de la cárcel por lu puerta, a lo que pareció después, y salió a la sala dicha, y de un mirador se descolgó por una parte muy alta y peligrosa; y este testigo tiene por cosa miraculosa la manera de descolgarse del mirador, porque el mirador no tenía reja ni hierro en que se pudiese hacer fuerza para descolgarse, porque no era más que una paredilla de media asta de ladrillo, que tenía de ancho medio ladrillo, y por remate un madero del mismo ancho, y este madero no tenía cosa que le pudiese tener fuerte de los lados. Pues tomando el siervo de Dios un mango de un candil, metióle entre este madero y el ladrillo, y, haciendo pedazos unas manticas viejas que tenía, ató él un pedazo al mango del candil, y los otros unos a otros, y al cabo una tuniquilla vieja o pedazo de ella; y aun todo no llegaba al suelo con estado y medio, y todo esto venía a dar en una parte, por la parte adonde caía, tan peligrosa, que a no caer derecho, o resbalar, caía a un despeñadero. Pues por aquí se descolgó el siervo de Dios, según juzgaron este testigo y los demás religiosos del convento, cuando al día siguiente vieron faltaba de la cárcel y los retazos colgados.

Declaración de Juan de Santa María

Mientras tanto, fray Juan les cuenta su fuga de la cárcel. Fue por inspiración de Dios. Oyó una voz celeste que le indicaba medios y camino para salir de su encerramiento. Fue fácil. Hizo jirones la mantica vieja que tenía por cama y, anudándolos unos a otros, formó una especie de soga. Forzó luego la débil cerradura de la portezuela, salió a la sala del mirador; retorció el mango del candil que le había dado el último carcelero, y metiéndolo entre el marco del mirador y los ladrillos de la pared, sujetó a él uno de los extremos de la soga hecha con los jirones de la manta, y por la soga, se descolgó. Los frailes dormían. La luna se reflejaba en las aguas doradas del Tajo, que pasaban alborotadas junto a los muros del convento. Gracias a ello, es decir, al sueño de los frailes, a la luz de la luna y al ruido de las aguas del río: pudo fray Juan saltar muros, tapias y cercados sin delatarse. Sus pisadas son tan leves que, cuando a la mañana siguiente quieren los Calzados seguir la pista del fugitivo, ni rastro hallarán en la huerta por donde ha salido.

Es mediodía. Los padres del Carmen se dan por vencidos. Lo han recorrido y registrado todo, buscando a fray Juan: los escondrijos de las calles tortuosas y sin salida; las iglesias y las posadas; las casas de los amigos que la Reforma tiene en Toledo; y, como no podían por menos, el locutorio, la Iglesia y la sacristía de las Descalzas. Trabajo inútil. El perseguido no aparece. Los frailes se retiran a su convento desorientados.

Mientras tanto, fray Juan, dentro de la clausura de las monjas, vestido ya con la linda sotanilla, come tranquilamente las peras asadas con canela que le ha preparado y traído la hermana Teresa de la Concepción. Quizá recuerda, por el contraste, el pan duro y las sardinas saladas que precedían en el refectorio del Carmen a la disciplina circular. Luego sale al locutorio, y allí, las monjas reja adentro, fray Juan reja afuera, continúa el relato de cuanto le ha ocurrido desde el momento de su prendimiento en la casita blanca próxima a la Encarnación de Ávila.

Hay un momento encantador: el santo fugitivo recita de memoria unos versos pensados en la cárcel, y una monjita los va copiando en un papel amarillento. La voz débil de fray Juan suena misteriosamente en el silencio y en la penumbra del locutorio monjil:

En el principio moraba el Verbo, y en Dios vivía, en quien su felicidad infinita poseía.

El mismo Verbo Dios era, que el principio se decía; él moraba en el principio, y principio no tenía.

Él era el mismo principio; por eso dél carecía; el Verbo se llama Hijo, que del principio nacía.

Hale siempre concebido, y siempre le concebía, dale siempre su sustancia y siempre se la tenía.

Y así: la gloria del Hijo es la que en el Padre había, y toda su gloria el Padre en el Hijo poseía...

Ruido de gente, que golpea la puerta del convento, corta el recitado del romance y alarma a las monjas. ¿Serán los frailes del Carmen que vuelven a buscar a fray Juan? Se hace un silencio angustioso; se ha cortado hasta la respiración, atentos todos al ruido de la portería. La tornera viene a tranquilizarlos. Es don Pedro de Mendoza, noble canónigo y administrador del hospital de Santa Cruz. Le ha llamado la madre Priora, y viene con carroza y criados para llevarse a su casa al santo fugitivo. No hay que perder tiempo. Saludos rápidos entre fray Juan y don Pedro, que mira con lástima la figurilla consumidita del pobre Descalzo; despedidas cariñosas entre el santo y las monjas, que le encargan precauciones para no volver a caer en manos de sus carceleros, y al poco tiempo la hermosa carroza del noble Prebendado sube por unas calles estrechas en dirección a Levante; atraviesa la plaza de Zocodover y se detiene ante el hospital, bien próximo, de Santa Cruz.

Cuando a la mañana siguiente sube fray Juan a la azotea de la casa del ilustre canónigo, siente que su vista y su espíritu se explayan como rejuvenecidos en aquel luminoso panorama, después de los nueve meses de oscuro encerramiento. Ve, por Levante, la vega espléndida del Tajo casi hasta Aranjuez, cuyos jardines y palacios se esfuman en la lejanía del horizonte borroso; ve el río, que viene zigzagueando como un culebrón de doradas escamas que rebrillan al sol naciente; ve, por el sur, bien próxima, la ingente mole del Alcázar, que vigila majestuoso la vega y la ciudad; más a la derecha, la aguja con tres coronas de la catedral primada; la Posada de la Sangre; los porches de Zocodover; las casas amontonadas, que se apretujan como si temiesen caerse al río... ¿Qué más? Fray Juan se queda mirando un rato hacia el sudeste, como buscando con la vista algo que le interesa. Lo ha encontrado. Su rostro adquiere una expresión de viveza y de satisfacción, que se dibuja en una leve sonrisa: ha descubierto la torre del Carmen, lugar de su encarcelamiento. Detrás está la estrecha celdilla; allí el mirador por donde se descolgó anoche mismo; las tapias que tuvo que saltar; quizá cuelgan aún las tiras anudadas de la manta rota. Sobre todo, allí están sus carceleros indignados; allí, la cárcel vacía. Y en la imaginación de fray Juan se agolpan, como cosa de sueño, las escenas de los nueve meses de vida carcelaria allí, tan cerca del río poético de las arenillas de oro...

8.
POR LA MANCHA HACIA ANDALUCÍA

EN SU PRIMER CONVENTITO de Ávila está la madre Teresa, cuando le llega la noticia de la liberación de fray Juan. Y hubiera dado un salto de gozo, de no haberle llegado al mismo tiempo referencia de lo maltrecho que ha quedado. Le falta tiempo para hacer correr la noticia entre frailes y monjas. En todas las cartas que escribe estos días, habla de fray Juan, de su cárcel, de sus tormentos, de su fuga.

Le preocupa, sobre todo, el estado de consunción en que ha quedado, y teme que se les muera. «Yo le digo —escribe la santa al padre Gracián— que traigo delante lo que han hecho con fray Juan de la Cruz, que no sé cómo sufre Dios cosas semejantes, que aún vuestra Paternidad no lo sabe todo. Todos nueve meses estuvo en una carcelilla, que no cabía bien, con cuan chico es, y en todos ellos no se mudó túnica, con haber estado a la muerte. Tres días antes de que saliese, le dio el superior una camisa suya y unas disciplinas muy recias, y sin verle nadie [en todos los nueve meses]. Tengo una envidia grandísima. A osadas que halló nuestro Señor caudal para tal martirio. Y que es bien que se sepa, para que se guarden más de esta gente. Dios los perdone. Información se había de hacer para mostrar al Nuncio de lo que esos han hecho con ese santo de fray Juan, sin culpa, que es cosa lastimosa».

Mientras en los conventos de la Reforma se celebra la liberación del primer Descalzo, fray Juan descansa y se repone lentamente. No lleva vida de encerramiento en casa de don Pedro de Mendoza. Sale con frecuencia. Unas veces a visitar a las Descalzas; otras, a los cigarrales del canónigo toledano; muchas tardes, ya anochecido, pasea por las márgenes del Tajo, cuyas aguas refrescan levemente aquel ambiente recalentado por el sol agosteño.

Un mensaje viene a interrumpir esta vida de reposo y convalecencia: es una carta del Provincial, que le llama al capítulo que va a celebrarse en Almodóvar del Campo, corazón de La Mancha. No está fray Juan repuesto todavía. Aún tiene el rostro enjuto y demacrado; aún le tiemblan las piernas; aún le cuesta trabajo hablar. Pero hay que ponerse en camino. Y una mañana tibia de septiembre emprende el viaje hacia tierras manchegas.

Va en la carroza de don Pedro y acompañado por fieles criados del caritativo canónigo. Cuando, pasado ya el puente de Alcántara, fray Juan vuelve la cabeza atrás para despedirse de Toledo, ve que el sol dora el pináculo de la catedral y los torreones del Alcázar. Abajo, junto al río, divisa también, sombreado por el castillo de San Servando, el convento del Carmen, que le muestra por frente el corredor por donde se descolgó la noche de su fuga y donde quedaron colgantes, como vestigios, los jirones de manta anudados y retorcidos.

Montes de Toledo, tierras quebradas de Malagón, campos riquísimos de Ciudad Real... Fray Juan va llenando el alma y la fantasía de aquella luz esplendente del horizonte manchego. Los pámpanos de las vides negrean de racimos maduros; en las hondonadas verdeguean las adelfas sin flor y, al pisar por las cuestecillas peladas, suben oleadas de aroma de tomillo, cantueso y malvavisco, resecos por el pasado estiaje.

Cuando fray Juan llega a Almodóvar, los Padres capitulares le reciben alborozados. Unos días antes ha llegado allí una carta de la madre Teresa, encareciendo el cuidado que necesita la quebrantada salud del Reformador: «Harta pena me ha dado —escribe la Madre— la vida que ha pasado fray Juan, y que lo dejasen, estando tan malo, ir luego por ahí. Plega a Dios que no se muera. Procure vuestra Paternidad que lo regalen en Almodóvar, y no pase de allí, por hacerme a mí merced, y no se descuide de avisarlo; mire no se olvide. Yo le digo que quedan a vuestra paternidad pocos como él, si se muere». Los Padres cumplen el encargo, tan encarecido, de la santa, y fray Juan se ve querido, atendido, mimado.

Poco tiempo permanece en Almodóvar. Elegido por los capitulares Superior del Calvario, conventito enclavado en las serranías del Segura, el santo Reformador reanuda su viaje en la misma carroza que le trajo de Toledo.

Es Beas un lindo pueblo andaluz: calles estrechas; casas jalbegadas; ventanas con geranios floridos; rejas entrelazadas de claveles rojos. Y junto al pueblo, el montecillo frondoso y perfumado de azahar. Hace tres años que pasó por aquí, fundando, la madre Teresa, y sus hijas obligan a detenerse a fray Juan, que pasa camino del Calvario.

Cuando las monjas ven, a través de las rejas, en la semioscuridad del locutorio, la triste figura del pobre Descalzo, se quedan asustadas. ¡Está tan flaco y acabadito! ¡Tiene la cara tan consumida!... Los solícitos cuidados del canónigo toledano no han logrado borrar de su rostro las hondas y terribles huellas de dolor que habían ido grabando los nueve meses de cárcel. «Venía —dirá años más tarde una de las monjas que estaban este día en el locutorio— como un muerto, no más del pellejo sobre los huesos, y tan acabado que casi no podía hablar».

Todo les parece poco para reanimarle. Frutas, comidas delicadas y calientes, golosinas de almendra, higos y almíbar hechas por ellas; hasta el mosto de granadas de árbol que en el huerto plantó la madre Teresa en su fundación. Después hay recreo en el locutorio para distraerle y alegrarle. Las monjas recitan versos, preguntan, ríen; hay cánticos, villancicos, aleluyas. El santo les cuenta la historia de su prisión, y una novicia canta:

> Quien no sabe de penas
> en este triste valle de dolores, no sabe de cosas buenas,
> ni ha gustado de amores,
> pues penas es el traje de amadores...

Fray Juan se ha extasiado. Un color de fuego le enciende el rostro, y las monjas, calladas y sobrecogidas, contemplan al santo inmóvil, asido a la reja, con los ojos fulgurantes clavados en el cielo...

22. Almodóvar del Campo. Los Descalzos, reunidos en capítulo en esta población manchega, reciben a San Juan de la Cruz, que viene de Toledo, donde ha vivido escondido desde que se fugó de la cárcel hace un par de meses.

Cuando vino de la prisión que tuvo en Toledo, desde donde vino al dicho convento del Calvario... venía como un muerto, no más del pellejo sobre los huesos, y tan enajenado de sí y tan acabado, que casi no podía hablar...

Declaración de Francisca de la M. de D.

Harta pena me ha dado la vida que ha pasado fray Juan, y que le dejasen, estando tan malo, ir luego por ahí. Plega a Dios que no se nos muera. Procure vuestra paternidad que le regalen en Almodóvar, y no pase de allí, por hacerme a mí merced. Y no se descuide de avisarlo. Mire no se olvide. Yo le digo que quedan pocos a vuestra paternidad como él, si se muere.

Santa Teresa (Carta al P. Gracián)

9.
ENTRE ÁRBOLES, FLORES
Y FUENTECILLAS

MONTE BRAVÍO Y POBLADO de naranjos, almendros, higueras y limoneros. Cuenca florida del Guadalquivir. Arriba, en el repecho caliente del mediodía, está el convento del Calvario.

Cuando llega fray Juan, que viene de Beas, el montecillo está envuelto en un ambiente de otoñada y de flores tardías. Pasados los calores estivales, la hierba renace jugosa y las acequias parecen rejuvenecerse con las primeras lluvias, que provocan una nueva primavera al caer sobre la tierra recalentada. El santo se cree en el paraíso. Su celdilla es pobre, baja y estrecha; pero por el ventanillo le entra a raudales la luz verdosa del bosque y puede contemplar aquellas ondulaciones exuberantes que bajan alegres, como si fuesen a saludar al Guadalquivir, que pasa por allí bullicioso y juguetón, casi recién salido de sus fuentes de la sierra de Cazarla. Los ojos de fray Juan, acostumbrados a no ver desde su niñez más que páramos resecos, cuestecillas peladas y amarillentas o rastrojos retostados, no se hartan de mirar los bellísimos paisajes de la tierra andaluza.

¡Qué bien le viene este rinconcito para reponerse del agotamiento de la cárcel toledana! Contra el encerramiento del cuchitril infecto, el aire libre de la sierra purificado por jaras, abetos y pinares; contra el ruido de la ciudad y la molesta compañía de carceleros, la plácida quietud de estas soledades hondas; contra el calor asfixiante de la celdilla maloliente y la sed abrasadora de las sardinas saladas, la frescura del ambiente puro, el agua limpia de la fontana próxima y la hortaliza sana del huertecillo coventual.

La vida de fray Juan adquiere sabor de idilio. No pierde nada de aquella recia contextura adquirida en el padecer, que es nervio de su personalidad y de su doctrina. Pero ya no es solo el fraile austero que come hierbas silvestres; que duerme sobre la tierra, en una esterilla hecha de escoberas cogidas en el monte; que pasa los días en silencio riguroso: es también el santico con alma incandescente de poeta, que ama la belleza del paisaje y se queda extático ante una fuente cristalina que nace al pie de un aliso.

¡Con qué hondo sentido repite allí, a la vista del bosque enmarañado y de la lejana vega verdeante, las estrofas de su *Cántico espiritual*:

¡Oh bosques y espesuras
plantados por la mano del Amado!
¡Oh prado de verduras, de flores esmaltado!
Decid si por vosotros ha pasado.

Mil gracias derramando
pasó por estos sotos con presura, y yéndolos mirando,
con sola su figura
vestidos los dejó de su hermosura.

Mi amado, las montañas,
los valles solitarios, nemorosos, las ínsulas extrañas,
los ríos sonorosos,
el silbo de los aires amorosos.

Mes ardiente de junio. Los frailes del Calvario descansan aún en sus tarimas. La dulce campanita de la espadaña no ha volteado llamando a coro. El sol tardará en salir. Pero fray Juan ya va camino del bosquecillo por una senda bordeada de endrinos, majoletos y zarzamoras. Se interna en la espesura y se detiene al pie de una fuentecilla escondida entre romeros. Comienza a clarear. El agua refleja, como un espejo, las hierbas y flores que crecen en torno a la fuentecilla, y en el fondo comienza a reflejarse también el color aurora del firmamento. Fray Juan se ha sentado en la hierba y se inclina sobre el borde húmedo de la fuente. Sus ojos, fijos en las aguas, parece que esperan la aparición de otra imagen reflejada. en ellas, mientras sus labios recitan por lo bajo los versos de la esposa:

¡Oh cristalina fuente,
si en esos tus semblantes plateados
formases de repente
los ojos deseados
que tengo en mis entrañas dibujados!

Pero el agua, que brota levantando en el fondo burbujillas de arena, sale a formar arroyuelo, y corre por la vertiente buscando el Guadalquivir, mientras fray Juan sigue inclinado sobre el borde húmedo de la fuente, esperando la respuesta. Otro día sale rodeado de los treinta religiosos del Calvario. Han tañido a oración, y en vez de hacerla en el coro, con los ojos cerrados, en una oscuridad que ayuda a recogerse al centro del alma, fray Juan los lleva a que la hagan a plena luz, bajo el cielo inmenso y azulado, entre el boscaje fresco, perfumado de madreselvas. Y les enseña a elevar el pensamiento hasta la eterna hermosura por aquellos reflejos que les entran entre raudales de la luz por los ojos del cuerpo. El santo se entusiasma hablando de Dios, a quien cantan en un concierto grandioso todas las criaturas. Le ve en la florecilla silvestre; en el río que suena; en aquel lucero vespertino que se divisa por entre dos ramas de un árbol.

Cuando fray Juan advierte en los ojos ilusionados que sus frailes tienen el alma caldeada, corta la plática y les manda repartirse por el monte a hacer la oración. Cada uno busca un rinconcito alegre y solitario: un árbol frondoso, la hierba florida de un claro entre el boscaje para ver el cielo, la peña rodeada de zarzales, la dulce fontana escondida... Cuando el sonido de la campana conventual les llama, tornan a reunirse en torno a fray Juan. Todos vienen más alegres, con el alma llena de luz que les sale por los ojos, como rejuvenecidos por aquel ambiente de poesía en que han vivido unas horas.

Otras veces no salen a orar: van a trabajar en el majuelo recién plantado, en el olivar, en la pequeña besana abierta en un rinconcito del monte que roturaron el año de la fundación. Y fray Juan anda en medio de ellos con el azadón o la podadera en las manos.

Ha llegado una carta para el santo Prior. Viene pegada con oblea. Fray Juan sonríe al leer el sobrescrito. Ha conocido la letra: rasgos vigorosos y decididos, caracteres abiertos, grandes líneas verticales: es de la madre Teresa. Mientras lee, el rostro del santo adquiere una expresión de alegría y cariño. Le parece que oye la voz de la madre Fundadora con su gracejo, y hasta que ve aquella cara sonriente de los tres lunares. Le pide que acuda a confesar y dirigir a las monjitas de Beas.

El mismo día ha llegado otra carta de la madre al convento de las Descalzas para Ana de Jesús, Priora. En ella le dice: «En gracia me ha caído, hija, cuán sin razón se queja (de carecer de un buen director), pues tiene allá a mi padre Juan de la Cruz, que es un hombre celestial y divino. Pues yo le digo a mi hija que después que se fue allá, no he hallado en toda Castilla otro como él, ni que tanto afervore en el camino del cielo. Es muy espiritual y de grandes experiencias y letras. Den gracias a Dios que ha ordenado le tengan ahí tan cerca. Ya le escribo las acuda, y sé de su gran caridad que lo hará en cualquier necesidad que se ofrezca».

Desde este día, todos los sábados por la tarde, con el bordón en una mano y el breviario en la otra, sube fray Juan al repecho sur de la sierra desde el Calvario a la cumbre, y baja después, zigzagueando entre peñascos, arboledas y matorrales, por la vertiente norte, que da al Segura. Los vecinos de Beas divisan desde lejos una motica blanca resaltando entre el verde de la colina. Ven que desciende poco a poco; que se oculta unas veces entre el follaje y reaparece otras; hasta que, al fin, desaparece en la hondonada, tras las primeras casitas de la villa. Es la capa blanca de fray Juan. El santo que baja a confesar a las monjas de Beas.

No todo es penitencia, ni dirección de monjas, ni siquiera oración hecha junto a la fuentecilla oculta entre los árboles del bosque. Fray Juan se entretiene también pintando y cincelando.

Un día se le ve sentado a la mesita de su celda, junto al estrecho ventanillo. Entran por él la luz viva del ambiente soleado y los colores del paisaje. Tiene un papel sobre la mesa y una pluma de ave en la mano. Dibuja. Va trazando en líneas verticales la figura de un montecillo de cumbre frondosa e iluminada. Es alto, de áspera subida. Pone fray Juan el punto de la pluma abajo, en las últimas estribaciones centrales de la montaña, y va subiendo hasta llegar a la cumbre. Ha trazado una línea recta. Vuelve a poner la pluma en la parte baja, a corta distancia de la línea anterior, y va trazando, monte arriba, otra línea casi paralela a la anterior. Y luego, también monte arriba, en el estrecho espacio que queda entre una y otra, escribe cuidadosamente: *Nada, nada, nada...*

Ha trazado el monte de la perfección con su senderillo de las nadas, estrecho y empinado, que lleva en derechura a la cumbre de la perfección. Es el símbolo de su doctrina espiritual. El sábado por la tarde, cuando baje a confesar a las monjas de Beas, llevará consigo amorosamente el papelito emborronado con el dibujo de su monte. Y se lo dejará en el torno, para que les sirva de recuerdo y orientación en la subida a la mística montaña de la santidad.

Otras veces se le ve, durante el recreo, con un trozo de madera y una lanceta en las manos. El santo corta y desbasta poco a poco hasta labrar una bella imagencita, un crucifijo, que luego regalará a algún religioso o a un bienhechor del convento.

Hay días que fray Juan pasea rodeado de sus frailes, que le escuchan ilusionados. No son pláticas espirituales, ni consejos, ni exhortaciones. Hay caras alegres y risas jubilosas: es que el santo Prior les está contando cuentecillos graciosos para divertirlos y entretenerlos. No quiere santidades tristes y encapotadas. Luz y colores de panoramas espléndidos para los ojos del cuerpo y santa alegría que ensanche el espíritu haciéndole pensar en la gloria del cielo.

Así, en ese ambiente, se santifica fray Juan. La plácida soledad de la serranía tonifica a la vez su espíritu y su cuerpo y enciende luces de poesía en su alma y en sus libros.

23. EL CALVARIO. El capítulo de Almodóvar nombró a fray Juan superior del convento del Calvario, un lugar solitario en la sierra, no lejos de Beas de Segura. La vida en esta soledad es pobre y, a veces, falta la comida. Los frailes comentarán más tarde cómo el santo solucionó milagrosamente alguna situación penosa.

Estando el dicho venerable padre Fr. Juan de la Cruz en el convento del Calvario, donde era prior, los religiosos de él tenían grandes necesidades, y particularmente un día que no tenían cosa con qué poder sustentarse, estando en esta grande necesidad, un caballero de la ciudad de Úbeda, padre deste testigo, que se llamaba Andrés Ortega Cabrio, casualmente y sin tener noticia de la dicha necesidad, les envió de limosna desde esta dicha ciudad comida y otras cosas que habían menester para el sustento de sus personas; y después, habiendo tomado este testigo el hábito en el dicho convento, todos los religiosos que en él estaban, se lo dijeron; y no esta vez sola, sino otras muchas. Así en este convento como en otros muchos donde vivió el santo Padre y era prelado, Nuestro Señor socorría sus necesidades casi milagrosamente.

Declaración de Fernando de la M. de D.

10.
RECTOR DEL COLEGIO DE BAEZA

Es EL 13 DE JUNIO DE 1579. Recio calor en Andalucía. Ya han florecido las viñas y van madurando los frutos de los árboles. Ya comienzan a endorar las mieses.

Por la vertiente sur de la sierra que forma por la derecha la cuenca del Guadalquivir, bajan en fila, zigzagueando por entre olivos, higueras y zarzales, cuatro frailes del conventito del Calvario, que queda arriba como un nido; destacando su blancura entre el verde oscuro del bosquecillo que le cerca. Delante va un jumentillo cargado.

Han salido muy de mañana, casi sin luz, aprovechando la fresca temperatura del dulce amanecer en aquellos parajes pintorescos. Cuando llegan abajo, a la orilla del río, el sol reverbera en las capas blancas y descubre el rostro de los cuatro frailes: son fray Juan de la Cruz y tres conventuales del Calvario. Van camino de Baeza a fundar un colegio de Descalzos. El jumentillo, que va delante, lleva todo el ajuar de la nueva fundación: un servicio de altar y una campanita que les han regalado y preparado con cariño las monjas de Beas.

Grandes ilusiones lleva fray Juan a la nueva casa. Hay Universidad en Baeza, y eso es para él, antiguo alumno de Salamanca y rector del colegio de Alcalá, la mejor garantía de prosperidad. No va a ser un convento cualquiera: será el centro cultural de la provincia carmelitana de Andalucía, como lo es ya de Castilla el colegio alcalaíno. Y fray Juan va por el camino, casi siempre a la orilla del Guadalquivir, urdiendo planes de estudios que harán florecer las letras en el colegio carmelitano, acurrucado a la sombra de la Universidad andaluza.

El día siguiente los vecinos de Baeza se ven sorprendidos por el volteo alegre de una campanilla desconocida. Es el momento en que fray Juan de la Cruz inaugura la fundación, celebrando una misa en la casa que va a ser transformada en convento. Es una sorpresa. Nadie había advertido la presencia de los frailes, que llegaron de noche y sin ruido. Años más tarde, los vecinos de Baeza recordarán con ilusión la simpática campanilla que, colgada del hueco de una ventana, les anunciaba aquel día de junio la presencia de fray Juan en la pequeña ciudad universitaria.

Al poco tiempo se inicia en las calles de Baeza un espectáculo hasta entonces desconocido: todos los días los Descalzos, humildes y recogidos, salen de su colegio y se dirigen a la Universidad, mientras la gente se para a verlos y comenta su porte modesto y ejemplar.

Pero si los estudiantes del colegio carmelitano van del convento a las aulas universitarias para asistir a las clases, los catedráticos van de la Universidad al convento

Vio este testigo que estando en el convento de La Peñuela, un día por la tarde se levantó una grande tempestad de nubes, truenos y relámpagos. Y temiendo los religiosos el daño que podía causar, y el dicho santo Padre dijo: «no tengan pena». Y salió al claustro y se descubrió la cabeza y levantó los ojos al cielo e hizo cuatro cruces a las cuatro partes del mundo; y hechas, se deshizo la tempestad. De lo cual este testigo y los demás religiosos que allí se hallaron, quedaron admirados y dieron gracias a Dios por ello.

Declaración de Francisco de San Hilarión

El santo Padre tenía don de Nuestro Señor contra las tempestades y truenos, y esto lo sabe porque en Segovia, cuando algunas veces se levantaban truenos o tempestades, decía el santo Padre fray Juan a este testigo: hijo, vaya por el agua bendita, y trayéndosela, con hacer el Santo la señal de la santa cruz sobre las nubes y comenzar a rezar, veía cesaban los truenos y tempestades y se serenaba todo; en que echaba de ver este testigo la gracia que Dios le había dado en esto.

Declaración de Bernabé de Jesús

93

para consultar a fray Juan de la Cruz y asistir a los actos escolares por este organizados y presididos. Un día se ve al santo pasear por el claustro conventual con el doctor Ojeda, que le consulta; otro, está sentado en la huerta con el doctor Carleval, que atiende a las explicaciones que le da el rector de los descalzos. Hay veces que fray Juan les recibe en su celdilla: allí va el maestro Sepúlveda. Sentado el santo en su tarima, hace sentar al catedrático en el banquillo prioral, y hablan una hora, dos, quién sabe cuántas, porque los asuntos y las materias no se agotan.

Cuando los doctores vuelven a los claustros universitarios, ponderan con asombro la singular sabiduría del amable frailecico descalzo, y aseguran que puede «explicar en Salamanca y Alcalá, y causar admiración».

Han terminado los cursos. Ya no se ve a los descalzos por las calles, camino de la Universidad. Tampoco los profesores visitan el colegio carmelitano. Son las vacaciones estivales.

Fray Juan no está en Baeza. Necesita descanso tras el ajetreo no interrumpido del régimen del Colegio, y se ha ido a una quinta de Castellar de Santisteban. Es una hermosa finca junto al río Guadalimar. Tiene praderas verdeantes y floridas, sotos espesos de arbolado, arroyuelos y manantiales en abundancia. El santo poeta está en su centro.

Todos los días le encuentra el sol en medio del prado, cogiendo amapolas y margaritas, húmedas aún del rocío de la mañana, para hacer manojitos que lleva luego al altar. Es la realidad viviente de aquella imagen de su *Cántico*:

De flores y esmeraldas,
en las frescas mañanas escogidas,

haremos las guirnaldas
en tu amor florecidas
y en un cabello mío entretejidas.

Hay un huertecillo que cuida fray Juan. Todos los días le riega, le limpia de hierbas, le mima. Tiene olivos y manzanos, granados y limoneros, rosales y campos de azucenas. Cuando el aire frío sopla por la parte del septentrión, y las flores se cierran, recogiendo su corola y sus perfumes, como negándose al beso de aquel viento helado, el dulce poeta conjura al viento desolador:

Detente, cierzo muerto;
ven, austro, que recuerdas los amores,
aspira por mi huerto,
y corran sus olores,
y pacerá el amado entre las flores.

Pero cuando el ambiente está en calma, cargado de esencias y de luz, cuando el manzano despide el aroma de su fruto y las azucenas rebrillan inmaculadas al sol, fray Juan cree ver la dulce y bellísima figura de la esposa de los Cantares moviéndose por su huerto, aspirando el perfume de las flores, recostada sobre su amado junto a un montón de manzanas:

Entrádose ha la esposa
en el ameno huerto deseado,
y a su sabor reposa,
el cuello reclinado
sobre los dulces brazos del amado.

Debajo del manzano,
allí conmigo fuiste desposada,
allí te di la mano
y fuiste reparada
donde tu madre fuera violada.

Un triste acontecimiento viene a tender un manto de luto sobre estos esplendores naturales que hacen las delicias de fray Juan: la muerte de su madre, la pobre y buena Catalina Álvarez. Ha muerto en Medina, lejos del hijo idolatrado. Cuando el santo Reformador recibe la triste noticia, llora. No tiene el consuelo de darle un último beso, ni de recoger el postrer suspiro de aquella santa mujer, que tanto supo de amarguras en la vida. Ya ha quedado inmóvil y silencioso el amado telar que sustentó su infancia; ya está deshecho aquel hogar creado por el amor y sostenido por el trabajo. Fray Juan llora y reza.

11.
HACIA LA ALHAMBRA GRANADINA

Noviembre de 1581. El centro de Castilla se ha estremecido de frío con la primera nevada del año. Los picos del Guadarrama, envueltos ya para muchos meses en su turbante blanco, rebrillan sobre el verdor de los inmensos pinares de sus vertientes.

Es el amanecer. Un fraile llega a las puertas de Ávila. A todo lo largo del camino, sobre la nieve esponjada, han ido quedando, como negras huras de reptiles, las huellas del jumentillo que monta. La ciudad, aterida bajo la sábana helada, duerme todavía en un silencio absoluto. Solo se oye un cimbalillo que voltea alegre: es, sin duda, de un convento monjil.

El fraile penetra en la ciudad. Da pena pisar las calles tan blancas. Las huellas del jumentillo sobre la nieve parecen huellas impuras de pecado sobre una conciencia inmaculada. Conventito de San José lleno de nieve. A su

97

puerta se apea el fraile. Hace sonar la campanilla del torno, y al poco tiempo se oye por dentro la cadena que se descorre y la voz dulce de la hermana tornera, que saluda: «Ave María Purísima». «Sin pecado concebida», contesta el recién llegado. Y no hace falta más. La monjita ha reconocido la voz, y corre jubilosa a dar la noticia a la madre Teresa: ¡acaba de llegar fray Juan de la Cruz!

¿Qué asuntos han obligado al Rector de Baeza a dejar en este tiempo el clima templado de Andalucía, para hundirse entre las nieves de Ávila? Trae fray Juan una ilusión muy grande. Allí, en aquellas alturas coronadas de muros almenados, entre las nieves y los hielos, está la madre Teresa. Y el santo quiere verla. No se han visto desde aquellos días de la Encarnación. Arrebatado por la tormenta hasta la cárcel de Toledo; llevado después a tierras de Andalucía; detenido allí por oficios y fundaciones, es ya demasiado tiempo sin tener contacto con la madre Reformadora. ¡Han sucedido, además, tantas cosas! Viene también con la idea de llevársela consigo para fundar en Granada.

La entrevista se celebra en el locutorio monjil, estrecho y apenumbrado, con su rejilla de pinchos de hierro y su sillón de cuero duro, ribeteado de clavos de cabeza grande. La madre Teresa, cansada ya y achacosa, se reanima al ver a fray Juan: sus ojos brillan como en otros tiempos y su charla adquiere el gracejo y la viveza de los días de su juventud. Pregunta por la cárcel, por los azotes recibidos, por los tormentos, por la fuga. Y el santico de fray Juan sonríe, excusa a sus verdugos y quita importancia al martirio de nueve meses. La madre le tiene envidia: él es el mártir de la Reforma. ¿Por qué no habrá querido Dios que también ella, fundadora, se viese en una prisión infecta?

El santo padre fray Juan de la Cruz tenía una levantada y heroica esperanza en Dios. Y notaba este testigo que Dios le enviaba cuanto había menester para su convento. Y así las primeras veces que salió este testigo a otros conventos y pidió y vio pedir a los religiosos de esta Orden por los pueblos o campos, le causó novedad; porque pensó no pedían, como lo había visto donde el Santo vivía y este religioso se crio, por haber tomado allí el hábito.

Y así mismo vio que el año de mil y quinientos y ochenta y cuatro, que fue un año muy estéril, era mucha la limosna que el Santo mandaba a la portería a los pobres y otras personas vergonzantes, no le faltando al Santo qué les mandar dar; antes le proveía Dios para su casa y para ellos tanto, que le sobró trigo. Y todo esto atribuía a la grande confianza que tenía en Dios.

Declaración de Luis de San Ángel

Luego, el estado en que se encuentra la Descalcez. La Madre está satisfecha. Después de tanta persecución y tanto peligro en que su obra amenazaba perecer, pueden ya respirar tranquilos. Los Descalzos, dueños de sus destinos, pueden ahora organizarse y multiplicarse libremente. Hablan de los acuerdos del reciente capítulo de Alcalá en que se hizo la separación de provincia; del estado de la Reforma en Andalucía; del Colegio de Baeza que medra a la sombra de la Universidad; de las monjitas de Beas, tan lejos y tan queridas de la madre Reformadora...

Fray Juan aprovecha la oportunidad: ahora tiene la madre ocasión para visitarlas. La santa mira sorprendida. ¿Ahora un viaje a Andalucía? Fray Juan insiste: ha venido a por ella; la reclaman para una fundación en Granada. La Madre Reformadora mueve negativamente la cabeza. Imposible. Tiene ya el compromiso de ir a Burgos. Saldrá en aquellos días, y no sabe, enferma, cansada y achacosa como está, si podrá volver con vida a su amado conventito de San José. Será la última fundación.

Fray Juan de la Cruz sale cabizbajo y pensativo del locutorio. Al despedirse de la madre Teresa ha visto en sus ojos cansados que aquel alma forcejea ya por salirse del cuerpo. No la volverá a ver más. Los dos sublimes Reformadores se han despedido sin decirse una palabra, con los ojos, hasta la gloria.

Es el 20 de enero de 1582 cuando fray Juan, vuelto ya de Castilla, ve por primera vez el encanto de Granada. Llega, tras un camino largo y frío, acompañando a las monjas que van a fundar el convento de Descalzas. No viene el santo con intención de quedarse aquí, porque en Baeza le espera la silla rectoral. Pero arriba, junto al palacio moro de la Alhambra, le aguardan sus Descalzos, que le eligen por Prior del conventito de los Mártires. Y allí se queda fray Juan. Le seducen la soledad y la belleza del emplazamiento de la casita.

Es algo único en la tierra. Enclavado allí, en el montecillo de la Alhambra, a la parte sureste del palacio moro, que guarda sus increíbles bellezas entre murallones dorados; con vistas, por el norte, a los mágicos jardines del Generalife; teniendo por fondo la mole armiñada y gigantesca de Sierra Nevada, sábana colgada del cielo para que resalte el verde claro-oscuro de aquel paisaje maravilloso; dando frente, por sur y por oeste, a la inmensa vega regada por el Darro y el Genil, que se juntan abajo, al pie del cerro; a espaldas y retirado del Albaicín, barrio moro cantante y bullanguero... el conventito de los Mártires parece una cosa de sueño oriental.

Va a ser, por unos años, el nuevo escenario de la vida de fray Juan de la Cruz. Se encuentra a gusto. Tiene soledad para su espíritu de santo contemplativo; tiene belleza de paisaje para su fantasía de poeta; tiene perspectivas amplias de apostolado para su oficio de director espiritual.

Al pie de un árbol, sentado sobre la hierba, fray Juan escribe versos y los comenta. Se oye muy próximo, en la arboleda inmediata, el trino viril del ruiseñor; se percibe el aroma de las flores, que viene en oleadas traído por el viento; suena dulce el ruido de las aguas que corren por la acequia bordeada de hierbabuena y malvavisco.

¡Qué bien escribe así! La pluma corre sin tropiezos. El papel se llena de imágenes, de colores, de perfumes. Los versos parecen el eco de todo lo que rodea al poeta. Tienen sonido de agua, melodía de cantos de avecillas, aroma puro de flores silvestres, frescura de viñedo en flor:

Yendo una vez con el dicho Santo y otro donado, que se llamaba Pedro de Sta. María, desde Porcuna para La Manchuela, el dicho donado en una cuesta que se hace en el dicho camino, al bajar de Porcuna para el río Salado, corrió y cayó, y de la caída se quebró una pierna, y el dicho Santo le curó la dicha pierna, teniéndola este testigo; y echó bien de ver questaba quebrada, porque las canillas sonaban como una caña casca-da, y el dicho Santo lo curó y puso un paño con una poca de saliva, y le hizo subir en un bagaje y así fue el camino adelante, y llegando a la venta Los Billares, el dicho Santo le dijo al dicho donado: aguarde, le apearemos; no se lastime. El cual respondió: yo no tengo mal ninguno, porque la pierna tengo ya sana, y diciendo esto, se arrojó del bagaje al suelo, sin que en la pierna hubiese mal alguno. Y el dicho donado y este testigo dijeron que era milagro, y el dicho Santo les dijo: ¿qué sabrán ellos de milagros?, y mandó a este testigo y al dicho donado que no hablasen más de lo susodicho cosa alguna.

Declaración de Martín de la Asunción

El aspirar del aire,
el canto de la dulce filomena,
el soto y su donaire,
en la noche serena
con llama que consume y no da pena.
Cazadnos las raposas
que está ya florecida nuestra viña,
en tanto que de rosas
hacemos una piña,
y no parezca nadie en la montiña.

El dulce frailecico descalzo va dejando así sobre el papel raudales de luz, de belleza, de poesía.

¿Qué hace fray Juan que no está en el coro con los frailes? No falta nunca. Al sonido de la campana que llama al rezo, lo deja siempre todo: hasta el párrafo a medio escribir, hasta el versillo sin terminar. ¿Dónde está? Trajinando en la cocina. Hay un enfermo inapetente, que se consume en la inanición y en la desgana. El enfermero no logra hacerle tomar ni alimentos ni medicinas, y el santo Prior lo deja todo, hasta el rezo del coro, para atenderle. El cocinero sonríe viendo a fray Juan revolviendo cazuelas y pucherillos.

Al poco tiempo sube a la celda del enfermo. Lleva su guiso: una pechuga de ave con una salsilla bien simple, y se lo sirve él mismo. Nadie sabe qué ha echado fray Juan en su salsilla. El cocinero dice que sal y agua; pero el enfermo asegura que aquello tiene sabor de maná del cielo. El santo Prior sonríe viendo al enfermo comer con gusto el plato que él con tanto cariño le ha preparado.

Una obligación hace a fray Juan abandonar con frecuencia la celdilla del convento de los Mártires: su oficio de confesor de las Descalzas. Se le ve muchos días bajar

27. ANDALUCÍA. El Calvario, primero, después Baeza, donde funda un colegio universitario y, finalmente, Granada. En todos estos conventos Juan de la Cruz ejerce como superior. De su gobierno guardarán sus súbditos buena memoria de su ejemplaridad, de su humanismo y, sobre todo, de su caridad con los enfermos.

Veíase en él tenía esta virtud en alto grado, porque nada le levantaba. A todos mostraba una suavidad grande de ánimo. Amaba mucho los humildes. Sentábase en el suelo con los demás religiosos, con la misma igualdad que si fuera uno de ellos, acariciando siempre y llegando más a sí [a] los que le parecía que eran más humildes, por lo menos en su estado y vocación, como eran hermanos donados, legos y novicios. Acudía a barrer y fregar u otros oficios humildes, aunque andaba con achaques de enfermedad, sin tener excepciones en nada. Su vestir, su celda, su asper[ez]a y todo cuanto en él se veía, todo predicaba humildad.

Declaración de Luis de San Ángel

del montecillo en que está el convento, pasar junto a la Alhambra, descender lentamente a la ciudad y dirigirse por la calle Elvira a la casa del Gran Capitán. Pláticas en la iglesuca u oratorio de las monjas, dirección en el confesionario, atenciones a las enfermas y atormentadas: todo lo hace el santo maestro con espíritu de apóstol. Terminados estos oficios, fray Juan asiste en el locutorio al recreo de las monjas. Ellas trabajan, reja adentro; hilan capullitos de seda, bordan sabanillas de altares, repasan velos y tocas. Mientras tanto fray Juan, reja afuera, sigue con los ojos la labor monjil: la delicadeza del bordado; el brillo de la seda, el ágil voltear de la rueca entre las manos blancas y pequeñas. Y les habla entreteniéndolas.

Cuando, terminada la hora de recreo, suena la dulce campanilla conventual, las monjas recogen sus labores, se cierra la reja con pinchos del locutorio, y fray Juan emprende el regreso a su casita de los Mártires, caminito de la Alhambra, a la sombra de naranjos y limoneros en flor.

28. Por los caminos de Andalucía. El año 1585 fray Juan es nombrado vicario provincial de Andalucía, cargo que ejerce hasta 1587. Son dos años de actividad intensa: funda cuatro conventos de frailes y colabora en la fundación de las descalzas en Madrid. Son dos años de viajes incesantes y sus compañeros guardarán el recuerdo de sus actuaciones milagrosas en aquella España que acogía en la misma posada a místicos y pícaros.

Y este testigo un día, viniendo con el venerable padre fray Juan de la Cruz de la ciudad de Granada para la Manchuela de Jaén, llegando a la venta que llaman de Benalúa, saliendo de la dicha venta dos hombres riñendo uno con otro, tirándose muchas cuchilladas y el uno de ellos herido en una mano, llegando el dicho Santo cerca de ellos, les dijo: «En virtud de Nuestro Señor Jesucristo, os mando que no riñáis más», y el sombrero que llevaba en la mano lo arrojó en medio de los dos. Y sólo con esto cesaron la pendencia y se quedó el uno mirando al otro. Y a este testigo le pareció que era milagro que Dios había obrado por el Santo, y lo mismo pareció a otra mucha gente que estaba en la dicha venta; porque dijeron que los habían puesto en paz otras dos veces y no había aprovechado. Y se abajó de la cabalgadura el Santo y los hizo amigos y se besaron hasta los pies el uno al otro. Y esto vio este testigo.

Declaración de Martín de la Asunción

12.
JUNTO A LAS PIEDRAS
GRAJERAS DE SEGOVIA

Ya no está fray Juan de la Cruz en Granada. Ha abandonado Andalucía. Sus hijos del Calvario, de Baeza y de los Mártires se sienten huérfanos de aquel padre bueno, que se les fue con el bordón en la mano y los pies descalzos camino de Castilla.

Está en Segovia. Es el verano de 1588. No tiene aquí las bellas y espléndidas perspectivas de Granada, ni el dulce ambiente de la finca de Castellar de Santisteban. Pero no es tampoco la adusta severidad de la llanura reseca y amarillenta del típico paisaje castellano: tiene montecillo a espaldas del convento, peñascales abruptos, cuevas abiertas en la roca y ocultas entre maleza; hasta una fuentecilla fresca y abundante que mana junto a unos mimbres. Esto en la huerta conventual. Y desde ella se ve, muy próxima, la silueta guerrera y medieval del Alcázar; más allá, la torre románica de San Esteban; en el centro, las altas y elegantes cúpulas de la catedral, y, al fondo, de sudeste a suroeste, las imponentes alturas del Guadarrama y del Balsaín, verdeantes de pinares en verano y blancas de nieve y de hielos en invierno. Muy cerca, casi a los pies del convento, pasan el Eresma y el Clamores, dos ríos corredores que, después de rodear, cada uno por su parte, el peñón en que se asienta Segovia, se abrazan al pie del Alcázar, y siguen juntos hasta perderse en los campos de barbechos y rastrojos abrasados de Castilla.

Muchos días, ya al atardecer, se ve subir lentamente la cuestecilla de la huerta a un fraile descalzo, menudo y morenito. Va levantando, al pisar entre el ramaje, oleadas de aromas y flores y bandadas de pajarillos. Es fray Juan de la Cruz, que busca el retiro de su cueva escondida entre escoberas y zarzales. Viene de la ciudad, de confesar a las monjas. No le gusta el bullicio, y ha dejado arriba, en la plaza del Azoguejo, bajo los arcos gigantescos del acueducto romano, el ajetreo de mercaderes y traficantes. Y en la cueva rocosa, frente por frente del Alcázar, ora y escribe en aquella dulce penumbra del ocaso estival, hasta que el lucero de la tarde, que se ve enfrente, se destaca en el claroscuro del firmamento anochecido.

Es medianoche: una noche de estío segoviano, luminosa de estrellas y luceros. Hay quietud absoluta. Solo se oye el rodar alborotado de las aguas del Eresma, que huyen como asustadas de las torres del Alcázar imperial, que con sus altas y negras agujas, parecen en la noche vigías gigantescos con bayoneta calada.

En el convento del Carmen hay quietud de sueño y de descanso. Pero en una ventana abierta hacia el río se ve el rebrillar de unos ojos en el fondo blanquecino de un rostro pequeño y ovalado. Es fray Juan de la Cruz, que, recostado en el ventanillo de su celda, contempla extasiado la inmensidad silenciosa y bella de la noche estrellada. Y quiere arrancarla, como arrancó a la luz y a las flores del día desde su cueva, el dulce secreto de los amores entre Dios y el alma:

¡Oh noche que guiaste!
¡Oh noche amable más que la alborada!
¡Oh noche que juntaste amado con amada,
amada en el amado transformada!

En mi pecho florido,
que entero para él solo se guardaba,
allí quedó dormido,
y yo le regalaba,
y el ventalle de cedros aire daba.
El aire de la almena,
cuando yo sus cabellos esparcía,
con su mano serena
en mi cuello hería,
y todos mis sentidos suspendía.

Quedéme y olvidéme,
el rostro recliné sobre el amado,
cesó todo y dejéme,
dejando mi cuidado
entre las azucenas olvidado.

Mientras fray Juan repite los versillos de su canción al compás del ruido suave del Eresma, el sonido de la campana conventual resbala limpio en el apacible silencio de la noche. Tocan a maitines. En el convento se oye ruido de tarimas y de puertas en el rebullir de los frailes que van al coro. Fray Juan hunde por última vez sus ojos en la inmensa oscuridad del firmamento estrellado, y se retira de la ventana. Al poco tiempo, un ruido suave, solemne, monótono, como murmullo de río en crecida, llena las hondonadas y sube al cielo, derecho como los altos cipreses de la huerta. Es el rezo de maitines a medianoche.

Otro día es junto a la fontana limpia de la huerta, o sentado sobre un risco, donde hallan los religiosos a fray Juan haciendo oración, leyendo un capítulo del *Cantar de los Cantares*, hablando de cosas de espíritu con el doctor Villegas, penitenciario de la catedral y dirigido suyo, o charlando cariñosamente con su hermano Francisco, que ha venido a verle.

Pero estos ratitos deliciosos de la cueva rocosa, del ventanillo de la celda y de la fuente cercada de mimbres, no son más que leves descansos entre dos grandes preocupaciones que pesan sobre el santo Reformador: la construcción del convento y el régimen de la Reforma.

En la construcción del convento, preocupación material, fray Juan atiende a obreros y oficiales; trabaja frecuentemente llevando piedra o cal en una esportilla; se mezcla con los peones entre el polvo de la obra.

Atiende, además, a ensanchar la huerta. Compra al Cabildo la parte alta que está lindando con las peñas grajeras. Treinta y cuatro reales le llevan, y viene el regidor a darle posesión solemne de los terrenos. Es una mañana. Van el notario y dos testigos. En medio de todos, fray Juan de la Cruz. Suben al montecillo; señalan los límites de la tierra que se compra, y el santo toma posesión con los ritos acostumbrados: arrancando hierbas, recorriendo el terreno, arrojando piedras de una a otra parte en señal de dominio y de derecho.

Pero otra más grave preocupación pesa sobre su espíritu: es el rumbo que quiere darse a la Reforma, sobre todo en lo referente a las hijas de la Madre Teresa. Llevan los frailes camino de inhibirse totalmente de su gobierno, o de sujetarlas a un régimen duro y absolutista, que en el orden religioso será incubador de un servilismo absurdo, en oposición con el espíritu de amor y santa libertad inculcado siempre por la sublime Reformadora del Carmen.

Hay, por esto, inquietudes y revuelo en los palomarcitos teresianos, tan sosegados hasta ahora. Fray Juan, miembro de la Consulta, defiende con tesón a las monjas que, muerta la Madre Teresa, se encuentran desamparadas. Tanto las defiende que logra ir atrayendo sobre sí mismo las iras de los que no las aman como él. Y se forma la tormenta, una tormenta de odios y de venganzas, que no tardará en descargar sobre su cabeza. No le cogerá, sin embargo, de sorpresa. Hace unos días, allí mismo, en la iglesia de su conventito de Segovia, estando de rodillas ante un cuadro de Cristo con la cruz a cuestas, ha visto que el rostro divino se iluminaba, y que los labios amoratados del Redentor se movían:

—«Fray Juan, pídeme lo que quieras, que yo te lo concederé» —ha oído con claridad en el silencio del templo solitario. Y el santo ha respondido: —«Señor, que me deis trabajos que padecer por vos, y que sea yo menospreciado y tenido en poco».

Y los desprecios vienen rápidos y duros.

29. Segovia. De 1588 a 1591 Juan de la Cruz vuelve a Castilla, nombrado superior del convento de Segovia. Su oficio es delicado y comprometido. Aquí reside en estos años el gobierno general de la Orden; hay que hacer frente a la construcción del convento y la iglesia de nueva planta; los problemas en el gobierno de la descalcez se agudizan por la peculiar personalidad del padre Doria. Aquí, en Segovia, tuvo lugar la conversación de fray Juan ante el cuadro de Cristo con la cruz a cuestas.

Fue ésta la última vez que le vi. Acabando de cenar una noche, tomóme por la mano y llevóme a la huerta. Y, estando allí solos, me dijo: «Quiero contaros una cosa que me sucedió con nuestro Señor. Teníamos un crucifijo en el convento y, estando un día delante de él, parecióme estaría más decentemente en la iglesia, y con deseo de que no sólo los religiosos le reverenciasen, sino también los de fuera. Hícelo como me había parecido. Después de tenerle en la iglesia, puesto lo más decentemente que pude, estando un día en oración delante de él, me dijo: fray Juan, pídeme lo que quisieres, que yo te lo concederé por este servicio que me has hecho. Yo le dije: Señor, lo que quiero que me deis es trabajos que padecer por Vos, y que yo sea menospreciado y tenido en poco.

Declaración de Francisco de Yepes (hermano del Santo)

112

13.
LA ÚLTIMA PRUEBA

¡QUÉ MAL HA PAGADO Castilla a fray Juan de la Cruz sus ansias por volver a ella! Dejó, nostálgico de su tierra adusta, todos los encantos de la bella Andalucía, quizá con la ilusión de morir entre los suyos, y al fin tiene que volver, como arrojado de Castilla, a refugiarse de nuevo en la soledad andaluza.

Es en el verano de 1591. Convocado capítulo general de la Reforma en Madrid, allí tiene que irse fray Juan como primer Consiliario y como superior de Segovia. Hay en el capítulo un ambiente recargado de cuestiones y de actitudes delicadas. Entre ellas la del gobierno de las Descalzas. Y hay que resolverla, porque el malestar se extiende por días y solivianta los espíritus. Sobre la mesa presidencial, una pila de cartas, papeles y documentos, que contienen súplicas, protestas y reclamaciones, indica el disgusto de las monjas, que invocan, en nombre de la Madre Teresa, la intangibilidad de su espíritu y de sus leyes.

Hay forcejeo entre los capitulares. Se quiere resolver la cuestión desentendiéndose de su gobierno. Fray Juan de la Cruz protesta. Su figura diminuta y flaca se yergue en medio de la sala. Habla con decisión y valentía, sin importarle la mala postura en que va a quedar con relación a la mayoría, que no piensa como él. Se sabe defensor de una causa justa, y pone en ello cuerpo y alma. Habla con elocuencia natural y persuasiva, elocuencia de razones envueltas en un sentimiento vivo, que suple y supera retóricas y patetismos. Mientras habla, entre el eco de sus palabras enardecidas y en aquel ambiente tibio de la sala capitular, flota el espíritu de la madre Reformadora muerta.

El santo deja de hablar y se sienta. Hay en la sala un silencio profundo y largo. Nadie quiere levantarse a contradecir aquellos argumentos valientes e irrefutables, que quedan clavados en la inteligencia como saetas aceradas. Las razones expuestas por fray Juan han aplanado momentáneamente a los reverendos gremiales.

Pero solo momentáneamente. Pronto viene la reacción. No será un desquite descarado; pero el santo reformador va pagar caro su oficio de abogado de las Descalzas. Hombre claro y enérgico, figura central de la Reforma por su ciencia, su virtud y su carácter de primer Descalzo, tiene, sin quererlo, una fuerza de proselitismo que resulta peligrosa para los planes de la mayoría del capítulo. Hay que inutilizarle y alejarle.

Y fray Juan sale del capítulo postergado, sin oficio y destinado fuera de España. Lo mandan a convertir indios a México. Mientras hay embarcación que lo lleve

Estando este testigo en el convento de La Peñuela, donde asimismo estaba el dicho santo fray Juan de la Cruz, se encendió un gran fuego en el monte cerca del dicho convento, y se vino acercando al dicho convento; y el dicho Santo salió del dicho convento y fué al lugar donde estaba el dicho fuego, que ya llegaba cerca de la güerta y viña del dicho convento, y se hincó de rodillas, y el fuego, como era tan grande, las llamas del pasaban por cima del dicho Santo, y se asieron y prendieron en las bardas de la dicha casa, y el dicho Santo estaba debajo de las dichas llamas, y luego repentinamente se retiró el fuego hacia atrás sin abrasar más de las dichas bardas y otras cosas de poca importancia que estaban en la dicha cerca; y el dicho Santo se quedó hincado de rodillas sin que el fuego le hubiese hecho daño alguno, lo cual todo lo vido este testigo y otros muchos religiosos y labradores que habían acudido, y todos lo tuvieron por milagro que Nuestro Señor había obrado por medio del dicho Santo.

Declaración de Martín de la Asunción

lejos de la península, lo echan a un rincón, como él había profetizado.

Montuosidades agrestes de Sierra Morena; soledad luminosa y perfumada; conventito perdido entre pinos, jaras y tomillares; aquí ha venido a parar fray Juan de la Cruz, arrojado de Castilla.

Las hijas de la madre Teresa, que le ven partir para su destierro, lloran; lloran su ausencia y la injusticia que con él se comete. Pero el santo Reformador las consuela: —«De lo que a mí toca, hija, no le dé pena, que ninguna a mí me da. De lo que la tengo muy grande es de que se eche culpa a quien no la tiene; porque estas cosas no las hacen los hombres sino Dios, que sabe lo que nos conviene, y las ordena para nuestro bien. No piense otra cosa sino que todo lo ordena Dios. Y adonde no hay amor, ponga amor y sacará amor».

Contento en su soledad, desentendido de todo lo humano, fray Juan se entrega en la Peñuela a una vida angélica de oración continuada. Ora en la celda, en el coro, en la huerta junto a una fuentecilla, como en el Calvario, en Granada y en Segovia. Ora y escribe. Aquí redacta la última de sus obras, desahogo del corazón endiosado, que arde ya con ascua incandescente:

¡Oh llama de amor viva,
que tiernamente hieres
de mi alma en el más profundo centro!
Pues ya no eres esquiva,
acaba ya si quieres,
rompe la tela de este dulce encuentro.

Son las últimas llamaradas del espíritu ardiente, que aspira a otra región más pura.

Fray Juan, despreciado y maltratado en los últimos días de su vida, después de tanto bien hecho a los hombres, se acuerda de que Jesús subió a la cruz por la Humanidad, que no le comprendía. Pero no envuelve su idea en una imagen triste. Aquel ambiente de serranía en que vive, ambiente pastoril, de égloga, hace vibrar su alma de poeta, y allí, a la vista el montecillo por donde vagan los pastores y pacen las ovejas, sentado a la sombra de un árbol, escribe el más corto, dulce y melancólico de sus poemas:

Un pastorcillo solo está penado,
ajeno de placer y de contento,
y en su pastora puesto el pensamiento,
y el pecho del amor muy lastimado.

No llora por haberle amor llagado;
Que no le pena verse así afligido,
Aunque en el corazón está herido;
Mas llora por pensar que está olvidado.

Que solo de pensar que está olvidado
de su bella pastora, con gran pena
se deja maltratar en tierra ajena,
el pecho del amor muy lastimado.

Y al cabo de un gran rato se ha encumbrado
sobre un árbol, lo abrió sus brazos bellos,
y muerto se ha quedado asido de ellos,
el pecho del amor muy lastimado.

Mientras fray Juan vive así, tranquilo y cantando, oculto en la serranía, un proceso difamatorio quiere cebarse en su nombre y en su historia. Hay quienes no perdonan las leves correcciones recibidas del santo Reformador, y quieren tomar la revancha ahora, que le ven postergado, sin autoridad y sin defensa. Calumnias, torcidas interpretaciones, falsificación de documentos, amenazas: todo se pone en juego y en marcha contra el dulce poeta de la *Noche oscura*, que aguanta la tormenta con la sonrisa en los labios.

Las monjas están asustaditas y escandalizadas de los horrores que les cuentan y de las cosas que les preguntan sobre fray Juan, su Padre del alma, que ellas tienen, como le tuvo la madre Teresa, por una de las almas más puras de la Iglesia de Dios. Y en el revuelo, las monjas queman cartas y retratos del santo, billetitos con sentencias y avisos espirituales escritos de su mano; hasta aquellos dibujos del *Monte* que él trazara con tanta ilusión para las monjas de Beas en su celdilla del Calvario.

Los que aman al santo como a su padre están abatidos y le escriben acongojados. ¡Se trata nada menos que de expulsar de la Reforma al santo Reformador! Y se lo comunican para que tome precauciones. Cuando estas cartas llegan a la Peñuela cargadas de amargura, quizás humedecidas de lágrimas, fray Juan ora tranquilo junto a la fuentecilla de la huerta. Y allí mismo, sentado sobre la hierba, toma la pluma y contesta, tranquilizando a los hijos buenos que le aman:

—«Hijo—escribe a Juan de Santa María—, no le dé pena eso; porque el hábito no me lo pueden quitar sino por incorregible o inobediente; y yo estoy muy aparejado para enmendarme de todo lo que hubiere errado, y para obedecer en cualquier penitencia que me dieren». Y continúa sonriendo al paisaje.

Más le preocupan otros procesos y otras persecuciones, que no vienen a dar directamente contra él. Es la campaña difamatoria que va envolviendo con saña la figura noble y bondadosa del Padre Gracián, y que amenaza con asfixiarle; es la actitud molesta, desconfiada y amenazadora contra las Descalzas, sobre todo contra la madre Ana de Jesús, a quienes tratan con aspereza, despego y desconsideración. Fray Juan se acuerda de la madre Teresa, que tanto y tan tiernamente amaba a Gracián y a sus monjas, y lamenta tanta incomprensión. Días amargos para el santo solitario de la Peñuela, los más amargos de su vida, más aún que los pasados en las tenebrosidades de su cárcel toledana. Y no puede hacer nada. Su espíritu debe consumirse en esa impotencia a que le tienen condenado sus hijos.

Mientras esto pasa en Castilla y Andalucía, un religioso recluta los frailes que han de acompañar a fray Juan en su viaje a las Indias Occidentales. Doce se han ofrecido, contentos de seguir al santo Reformador a través del Atlántico. Cuando todo está dispuesto, se lo avisan al solitario de la Peñuela. Pero fray Juan sonríe melancólico: es otro el viaje que él va a emprender muy pronto.

14.
A CANTAR MAITINES AL CIELO

SEPTIEMBRE DE 1591. Fray Juan no sale, contra su costumbre, a hacer la oración junto a la fuentecilla de la huerta. Está enfermo. Una inflamación en la pierna le impide moverse de su celdilla. Luego, unas fiebres malignas y persistentes, que se ceban en su cuerpo ya gastado, amenazan consumirlo.

Los religiosos comienzan a inquietarse. Hay que sacarle de la Peñuela, lugar sin médico y sin medicinas. Baeza, a seis leguas de camino, es el convento más próximo, y allí piensan preparar una celda confortable para el santo enfermo. Pero fray Juan lo rehúsa. En Baeza, colegio fundado y dirigido por él, le aprecian mucho. Prefiere ir a Úbeda, donde nadie le conoce, donde el Prior no le quiere, donde podrá morir desconocido y despreciado. Hay que apurar el cáliz hasta las heces.

Ya todo preparado, en vísperas de salir, toma el santo la pluma y escribe a su buena y espiritual amiga doña Ana de Peñalosa, con mano temblorosa ya de fiebre: —«Mañana me voy a Úbeda a curar unas calenturillas, que como ha más de ocho días que me dan cada día, paréceme habré menester ayuda de medicina ... Ahora no me acuerdo de más que escribir, y por amor de la calentura también lo dejo, que bien me quisiera alargar». La pluma se le cae de la mano y se le seca. Ya no volverá a escribir más.

Tibia mañana otoñal en Sierra Morena. Por un sendero que serpentea hacia mediodía buscando la llanura, bajan lentamente tres frailes: dos de ellos a pie; el otro sentado en un asnillo. Son fray Juan de la Cruz y dos legos que le acompañan. Van camino de Úbeda. Es una marcha lenta y silenciosa. Fray Juan va molesto, medio amodorrado por la fiebre, sobre la mansa cabalgadura. No canta como en sus viajes de fundador, cuando recitaba salmos o tarareaba coplillas al atravesar una llanura o al subir poco a poco a la serranía. Ahora, cabizbajo por el aplanamiento de la fiebre, medita y reza en silencio.

Una hora, dos, tres llevan ya caminando. Es mediodía. el sol quema y el polvo que levanta el jumentillo no deja respirar de asfixia. El enfermo se siente desfallecer abrasado por la fiebre, que le quema por dentro, y por el calor del sol, que le abrasa por fuera. Al pasar una cañada, dan con un río. Fray Juan le conoce: es el Guadalimar, el que pasa junto a la finca de Santisteban, donde descansaba él en las vacaciones siendo rector de Baeza. ¡Cuántas veces vio correr sus aguas sentado a la sombra de la arboleda! Con ellas regó muchas veces el prado florido y las azucenas de su huerto.

31. PUENTE DE LOS ESPÁRRAGOS. El año 1591 se celebra capítulo general en Madrid y fray Juan cesa en todos sus cargos y es enviado de nuevo a Andalucía, mientras se reúnen los compañeros que partirán con él para Méjico. El santo se retira al convento de la Peñuela, esperando la hora de la partida, pero la enfermedad anuncia otra partida, la definitiva. Le trasladan a Úbeda, para que allí reciba los cuidados necesarios. En el camino tiene lugar la anécdota maravillosa de los espárragos.

Puesto en el camino, la persona que le traía, viéndole tan desganado de comer y apretado con las calores de septiembre que pasaron aquel día, le dijo, llegando cerca del río de Guadalimar, se fuese un rato a tener la siesta a la sombra de la puente nueva y que le dijese qué le parecía comería. El Santo le dijo: «No traigo gana de cosa alguna». Instándole otra vez qué le parecía comería, dijo que le parecía que comería de unos espárragos. Y llegados a descansar a la puente del río, vieron dentro del agua sobre una peña un manojuelo de espárragos; y el mozo le dijo: Padre, ve allí los espárragos, y se los trajo. El Santo mandó mirara por aquellas hazas si parecía algún hombre cogiendo espárragos, porque éstos eran espárragos de pan, y por septiembre ni de peña ni de pan no se hallan espárragos. Persuadido, fue a mirar por todas aquellas partes y no halló persona alguna. El Santo le dijo pusiese allí donde estaban los espárragos en dinero lo que le parecía valdrían y dejó el dinero que podrían valer sobre la misma peña. Estos espárragos llevaron a Úbeda, los cuales vio este testigo y tuvo en sus manos y el Santo los cenó aquella noche sin otra cosa alguna.

Declaración de Bartolomé de San Basilio

Hay que descansar. Los leguitos bajan de la cabalgadura al pobre enfermo y le recuestan bajo uno de los arcos secos del puente, al fresco de la sombra y las aguas. Fray Juan sonríe agradeciendo el alivio. En cambio, rehúsa la comida que le ofrecen. Siente hastío en el estómago. Solo apetece una cosa imposible en aquel tiempo: espárragos. Los dos leguitos se miran perplejos y vuelven la vista en derredor, como buscando un milagro. De pronto uno de ellos da un grito de júbilo y corre hacia una peña del río: sobre ella se ve un hacecito de tallos blanquecinos y yema verde. Fray Juan sonríe ante el milagro, y se esfuerza por disimularle haciendo que dejen sobre la peña cuatro maravedises, precio aproximado del misterioso manojito, para que pueda cobrarse el supuesto dueño.

Ya está fray Juan en Úbeda. Han llegado al anochecer. Viene cansado. Siete leguas de camino en un jumentillo tardo que le hacía estremecer a cada movimiento brusco por aquellos senderos pedregosos, ha hecho crecer la fiebre. En Úbeda se encuentra el santo con un Prior displicente, que le recibe con frialdad y mala cara; con una celdilla mísera, casi sin luz, y con una tarima por cama, donde cae rendido su cuerpo para no levantarse más.

La enfermedad sigue su curso: las calenturas no ceden, y la hinchazón de la pierna se extiende y se amorata. Es necesaria la intervención del cirujano. La sangre empapa los pañuelos. El médico corta la carne en vivo y raspa el hueso para evitar la gangrena. Mientras tanto, fray Juan, mordido por un dolor insoportable, sonríe dulcemente, tendido en aquel lecho de tabla.

No son, con todo, las heridas del cuerpo lo que más le duele: le duele mucho más aquel ambiente de frialdad

32. ÚBEDA. San Juan de la Cruz permanece en Úbeda desde el día
28 de septiembre hasta el 14 de diciembre de 1591. A los sufri-
mientos de la enfermedad y de las dolorosas curas hay que añadir
la conducta del prior del convento, que le trata fría y destemplada-
mente. El santo lo soporta todo con tal entereza que causa admiración en cuantos le tratan y su fama de santidad corre por el pueblo.

*Al fin de este tiempo enfermó. Y por no haber en aquel desierto médico ni
medicinas, le llevaron a curar a Úbeda, a donde le apretó mucho un mal
en una pierna, en que le abrieron cinco bocas, de que le sacaban mucha
podre. Llevando estos cauterios y dolores el Santo con grande paciencia
y tanta serenidad, como si no las padeciera, estando siempre conforme
en gustar de aquello que Dios así lo quería; teniendo admirados con su
santidad y sufrimiento al médico y a los que le curaban y acudían, viendo que ni en los botones de fuego y cortes que le hicieron no se quejaba y
que todo era en él un continuo alabar a Dios, porque gustaba padeciese
aquello. Y veían todos que todo el tormento de los dolores y trabajos le
era materia de oración, en que gastaba allí el tiempo, con un ánimo in-
vencible en los dolores y tan suave como si no padeciera nada y una boca
llena de agradecimientos para todos los que le acudían. Y decía de esto el
médico que estaba espantado, porque sabía eran muy íntimos, grandes y
continuos estos dolores; y así le miraba como a un santo.*

Declaración de Diego de la Concepción

en que se encuentra. El Prior ha prohibido visitar al enfermo, y el santico de fray Juan se pasa las horas interminables solo, sin oír una palabra de consuelo, sin ver una sonrisa. Así se va consumiendo lentamente: le consumen, a la vez, la calentura con las llagas abiertas y supurantes, y la amargura de aquel triste abandono de sus hijos.

Una grata y alentadora visita recibe en los últimos días: la del viejo Provincial fray Antonio de Jesús, su antiguo compañero de iniciación de la Reforma. Viene a reprender al Prior su conducta con el santo, y a consolar al moribundo. Fray Antonio le recuerda aquellos días humildes de Duruelo, de Mancera, de Pastrana, pequeños principios de la Descalcez, hoy tan extendida y pujante; le habla de los trabajos pasados por la gloria de Dios; de las buenas obras realizadas, de la semilla de santos que deja sobre la tierra... Fray Juan se tapa los oídos; no quiere saber nada de sus virtudes y buenas obras, y pide que no le recuerden más que los pecados cometidos.

Nada hay, sin embargo, que ataje la marcha de la terrible enfermedad. Las llagas se multiplican. Ya no es solo en el empeine donde la herida supura virulenta: es en toda la pierna, en las caderas, en las espaldas... El santico, sonriente en medio de su martirio, se consume sin remedio.

Es el 13 de diciembre. El enfermo, que ha perdido, con el dolor y la fiebre, la noción del tiempo, pregunta qué día es. Ya había recibido el viático, y pide la Extremaunción. Son las cinco de la tarde. El convento bulle de frailes y de gente, que se preparan, impresionados, para aquel solemne momento de la unción del enfermo. El Prelado, nervioso de emoción, no puede ocultar ya las lágrimas, que caen sobre el ritual y se mezclan con el óleo santo.

33. ÚBEDA. El día 14 de diciembre de 1591, a medianoche muere san Juan de la Cruz en Úbeda. Y comienza esa historia tantas veces repetida: los mismos hombres que arrinconaron y humillaron al fraile vivo se disputan el cadáver del fraile muerto. Doña Ana de Peñalosa, amiga del santo y fundadora del convento de Segovia, consigue de los superiores de la Orden que su cuerpo sea trasladado a esta ciudad castellana y aquí reposa desde el año 1593.

Porque cosa de tres horas antes que muriese, hablándole el padre fray Antonio de Jesús, le respondió: «Perdóneme, Padre, que no le puedo responder, que me estoy consumiendo en dolores»; y me parece que si no le obligara el haber de responder al padre Provincial, aun esto no dijera, por no dar a entender lo mucho que padecía; y no se le oyó otra queja. Y este mismo día, diciéndole este testigo que ahora le pagaría nuestro Señor sus grandes trabajos y penitencias, le respondió: «No me diga eso, Padre mío, que le certifico que no he hecho obra que no me esté ahora reprendiendo».

Estando presente este testigo la noche que el Santo murió y otros religiosos, preguntó el santo Padre al padre fray Francisco Indigno qué hora sería; y él, según le parece, dijo: cosa de las once. Y el santo Padre dijo entonces: «Los maitines diremos en el cielo.» Y así cuando tocó la campana a maitines, expiró, muriendo santamente, dejando a todos con grande edificación y consuelo.

Declaración de Agustín de San José

Después pide fray Juan que le traigan el Santísimo para adorarle. Será la última vez que le vea en este mundo. Unas miradas tiernas a la Hostia consagrada que levanta ante sus ojos el Prelado; unas jaculatorias ardientes del enfermo medio incorporado sobre el lecho, y una despedida emocionante: —«Señor —exclama fray Juan al perder de vista el viril—, ya no os veré más con los ojos de esta carne...». Y las lágrimas brotan incontenibles y silenciosas en todos los circunstantes, que piden, de rodillas, la bendición del padre que se les muere.

Han pasado unas horas. Fray Juan está recogido. A ratos ora, encendido el rostro por el fuego interior, y a ratos escucha los dulces y amorosos versillos del *Cantar de los Cantares,* que lee un religioso y que suenan en sus oídos como una invitación al cielo. En el ambiente de la celdilla, que huele a cirio, flotan aquellos versos de su *Cántico espiritual:*

Gocémonos, Amado,
y vámonos a ver en tu hermosura
al monte y al collado,
do mana el agua pura;
entremos más adentro en la espesura...

Una campana suena a lo lejos en el silencio de la noche helada. Es el toque de maitines: son las doce. Abre fray Juan los ojos como ilusionado, los pasa dulcemente por los circunstantes y dice: —«Me voy a cantarlos al cielo». Mira después el crucifijo que tiene entre las manos y murmura: —«Señor, en tus manos encomiendo mi espíritu...». Y expiró. Una luz misteriosa envuelve el cuerpo, aún caliente, del santo muerto, y llena de claridades la pobre celdilla. Huele a rosas y lirios, aunque es invierno. Una lluvia menuda va embarrando las calles, que comienzan a bullir de gente ansiosa por besar los pies menuditos del que dicen que era un santo. Son las primeras horas del 14 de diciembre de 1591.

«Los huesos de aquel cuerpecito han de hacer milagros», había dicho santa Teresa hablando de fray Juan de la Cruz. Y la profecía de la sublime Reformadora comienza a cumplirse bien pronto. Milagros del alma y milagros del cuerpo: tal es la estela de luz que va dejando su cuerpo, a través de Andalucía y de Castilla, al ser trasladado, muerto, de Úbeda a Segovia.

Y allí está, junto al Alcázar y al Eresma, al pie de su cueva de roca, encerrado en la maravilla artística de su sepulcro de plata, mármoles y bronces. Fray Juan de la Cruz descansa. En el silencio misterioso de la capilla segoviana se oye, entre batir de alas de ángeles, el místico conjuro de su *Cántico* para que nadie turbe la quietud de aquel sueño:

> ¡Oh ninfas de Judea!
> en tanto que las flores y rosales
> el ámbar perfumea,
> morá en los arrabales,
> y no queráis tocar nuestros umbrales.
> A las aves ligeras,
> leones, ciervos, gamos saltadores,
> montes, valles, riberas,
> aguas, aires, ardores,
> y miedos de las noches veladores:

Por las amenas liras
y canto de sirenas os conjuro
que cesen vuestras iras,
y no toquéis al muro,
porque la esposa duerma más seguro.

CRONOLOGÍA
DE SAN JUAN DE LA CRUZ

1542: Nace en Fontiveros (Ávila), tercer hijo de Gonzalo de Yepes y Catalina Álvarez.

1542-1546: Mueren su padre y su hermano Luis.

1548-1551: Catalina con sus hijos emigra, primero a Arévalo y después a Medina del Campo.

1551-1558: Primeros estudios en Medina, en el colegio de la «Doctrina».

1558-1563: Alterna el estudio de humanidades con los jesuitas y la práctica de varios oficios.

1563-1564: Ingresa y profesa en los Carmelitas de Medina.

1564-1568: Cursa en Salamanca estudios de Artes y de Teología.

1567: Ordenado sacerdote, vuelve a Medina y se encuentra con santa Teresa, que lo gana para su proyecto de reforma.

1568: Después de unos meses con santa Teresa en Valladolid, se traslada a Duruelo (Ávila), donde comienza la vida reformada.

1570: La fundación de Duruelo se traslada a Mancera (Salamanca).

1571: Acompaña a santa Teresa a la fundación de Alba de Tormes.

Es nombrado rector del colegio universitario de Alcalá de Henares.

Visita y ordena el noviciado de Pastrana.

1572-1577: Confesor y Vicario del monasterio de La Encarnación de Ávila, a petición de santa Teresa.

Primer apresamiento.

Asiste al Capítulo de Almodóvar del Campo.

Secuestrado en Ávila, es conducido secretamente a Toledo (2-12-1577).

1578: En la segunda quincena de agosto se escapa de la cárcel de Toledo.

Capítulo de Almodóvar, en el que es elegido prior del convento de El Calvario (Jaén).

1579: Apostolado en Beas con las Descalzas.

Fundador y rector del colegio universitario de Baeza.

1580: Muere su madre en Medina.

1581: Los Descalzos, separados de los Calzados, eligen superiores propios en el Capítulo de Alcalá. El santo es elegido tercer definidor.

1582: Acompaña a las Descalzas que fundan en Granada.
Muere santa Teresa en Alba de Tormes. Prior del convento de Los Mártires en Granada.

1583: Asiste al Capítulo de Almodóvar y es confirmado como prior de Granada.

1585: Asiste a la fundación de las Descalzas en Málaga.
Viaje a Lisboa. En el Capítulo, celebrado aquí, es elegido segundo definidor y vicario provincial de Andalucía.

1585-1588: Son años de incesante actividad: viajes, fundaciones, Capítulos... y de gran fecundidad literaria.

1588-1590: Elegido superior del convento de Segovia y primer consiliario.
Activa la construcción del nuevo convento y amplía la propiedad.

1591: Capítulo en Madrid. Cae en desgracia, por discrepancias con el general de la Orden, P. Doria, y sale sin oficio.
Destinado primero a México, recaba en el convento solitario de La Peñuela (Jaén).
En el mes de septiembre cae gravemente enfermo y es trasladado a Úbeda.
Muere en Úbeda el día 14 de diciembre.

ILUSTRACIONES

1.	San Juan de la Cruz escribiendo	4
2.	Nace en Fontiveros (Ávila)	11
3.	Cae en una charca	13
4.	Con los enfermos del hospital de Medina	15
5.	Decide hacerse Carmelita	21
6.	Estudiante en Salamanca	23
7.	Primera Misa	25
8.	Encuentro con santa Teresa	29
9.	En la fundación de Río Olmos	31
10.	Arregla la casa de Duruelo (Ávila)	33
11.	Profesiones en Duruelo	35
12.	Predicador por los pueblos	37
13.	Maestro de novicios	41
14.	Maestro de estudiantes	42
15.	Con santa Teresa en La Encarnación (Ávila)	45
16.	Visión de Cristo Crucificado	47
17.	Apaleado	49
18.	Su poder contra los demonios	53
19.	Encarcelado	62
20.	En la cárcel de Toledo	65

21. Se fuga de la cárcel 71
22. Llega a Almodóvar del Campo 81
23. Superior en el convento de El Calvario (Jaén) 90
24. Poder para calmar las tormentas 93
25. Caridad con los enfermos... 99
26. Cura milagrosamente una pierna rota........................... 102
27. Con los humildes y enfermos...................................... 104
28. Por los caminos de Andalucía...................................... 106
29. Diálogo con Cristo Crucificado 112
30. Apaga un gran incendio 115
31. El puente de los espárragos... 123
32. Curas dolorosas.. 125
33. Muerte en Úbeda (Jaén)... 127

FUENTES:

Los textos que acompañan a las ilustraciones están tomados de: ALONSO DE LA MADRE DE DIOS, *Vida... de fray Juan de la Cruz*, EDE, Madrid, 1989.
Procesos de Beatificación y Canonización de San Juan de la Cruz, Editorial Monte Carmelo, Burgos. Tomo I, 1931. Tomo II, 1991. Tomo III, 1992.